勇闖羅馬競技場

文◇王文華 圖 貓魚
審訂／輔仁大學歷史系助理教授 汪采燁

楔子——你可能不知道的可能小學

深呼吸，再深呼吸！

戴好蛙鏡，捏緊鼻子跳下去——

咻——水花四濺，放聲尖叫。

尖叫是吸力最強的磁鐵，吸引孩子，朝它狂奔而去。

這是一座寬闊的浴場，分成幾大區：

熱湯、冷湯和三溫暖是一定要的。

喜歡閱讀的人可以到溫泉蛋圖書館。

熱愛運動的人，可以沿著浴場外圍的青蛙跑道跑步。

泡湯泡到一半肚子餓，美食大街也少不了——日本拉麵，義大利通心粉，德國豬腳與美國牛排，只要說得出，這裡通通有。

你可能會問，哪裡的浴場這麼好？

這種浴場從兩千年前的羅馬就有，可能小學把它全部複製過來。

買票找羅馬戰士售票員；租泳衣問羅馬仕女服務員。

想進來泡澡，你得先扮成古羅馬公民，穿上那個時代的衣服，套上那個時代的木屐，就能悠哉的逛羅馬浴場。

小朋友最愛浴場附設的水上樂園，它有五條滑水道：

環繞教學大樓的慢慢溜水道，適合膽小的孩子；幾近垂直角度，俯衝直達地下三層的轟轟轟轟水道，給心臟大三倍的人使用。果凍水道可以吃；布丁水道彈性佳；泡泡水道的水溫適中，溜速不急不緩，甚至邊滑邊翻筋斗都很安全。

花至蘭正在泡泡水道裡，她是可能小學五年級的學生，已經玩到第六次。

花至蘭甚至還能邊溜邊看《極地探險百科——你不知道的99種極地知識》——對了，那是跟溫泉蛋圖書館借的書。

泡泡水道一點也不可怕，旁邊一個戴著章魚頭帽的阿伯卻叫得很慘。

「阿伯，這流速不超過一公里，你有必要這麼害怕嗎？」她覺得很疑惑。

「人家小時候，沒有玩過這麼恐怖的滑水道。」

花至蘭覺得這個聲音很熟悉，她仔細一瞧，戴著章魚頭帽，挺著啤酒肚的是校長。

「校長好！」花至蘭很有禮貌。

「別……別多禮……滑水道……天哪，哇——」校長又嚇得嘰嘰叫，花至蘭被吵得受不了，只好把《極地探險百科——你不知道的99種極地知識》合起來，雙腳微微用力，咻——快速到達出口。

花至蘭正打算要玩第七次時，一隻大手拉住她：「走，我們去玩轟轟轟水道。」

那是她的同學劉星雨，膽子大，行動快。

「我還想玩……」她抗議。

「我保證，轟轟轟水道才適合五年級的小孩玩。」劉星雨打包票，硬要拖她走。

「我只想玩泡泡水道。」

「轟轟轟水道比較刺激嘛。」劉星雨個性急，「好東西一定要跟好朋友分享，我們去玩啦。」

「不要啦……」花至蘭幾乎要尖叫了。

「劉星雨，花至蘭不想玩的話你就不要勉強她了。」旁邊戴著章魚頭帽的阿伯說。但仔細一看，說話的不是阿伯，是校長——他什麼時候追上來了？

劉星雨急著分享：「校長，如果花至蘭不敢去，我們一起去。那個轟轟轟水道真的好好玩，你一定要試試看，包準你一試就愛上它。」

「啊……這個厚……」章魚頭校長往後退了一步，「人家小時候沒有玩過。」

花至蘭記得校長剛才的慘狀：「校長應該不敢去吧，他連泡泡水道都不太敢玩了。」

「沒想到校長膽子那麼小。」劉星雨露出不可置信的表情。

「哼，去就去！」章魚頭校長看了他們一眼：「別以為人到中年什麼都不敢，在可能小學裡，沒有什麼不可……啊——」

那個「啊」字應該要用最大的字體來顯示，因為它迴盪在整座浴場裡，每個孩子都能感受到校長與大家一起快樂學習的「決心」。

如果沒有那種決心，他就不會跳下轟轟轟水道。

如果沒有那種決心，他也不會讓鍋蓋老師主導，在兒童節這天，在可能小學的校園裡，搭建這座超大的公共浴場。

「什麼？在學校裡蓋浴場，這怎麼可能嘛？」有人這麼說。當然有可能啊。別忘了，「在可能小學裡，沒有不可能的事。」這是可能小學的校訓。這麼多年來，他們秉持傳統：把不可能變可能。

例如在一夜之間，學校變出埃及神廟，每一座建築物都像歷經千年風霜；而駱駝、椰棗樹和金字塔一應俱全，甚至還請來數十位真正的埃及人，帶領全校師生，體驗一場真正的古埃及文化之旅。

例如運動會向動物園借場地，在花豹和北非獅面前比賽跑；邀請大象比拔河，全校師生都投入那場艱苦的比賽中，結果是……

結果是可能小學不可能告訴你的十大祕密之一，今天，當然也不會告訴你。

可能小學還有另一個祕密，就是這所學校位於捷運動物園站的下一站。

動物園站是終點站，哪來的下一站呢？

下回坐捷運到動物園，仔細觀察，有一群穿著藍金色外套的孩子，手裡提著大包小包，臉上露出迫不及待的表情，那一定是可能小學的孩子。

沒有一個孩子捨得錯過可能小學任何一堂課。

就像現在，他們帶著大浴巾和蛙鏡、蛙鞋、水槍，為的就是在兒童節這天，進入羅馬浴場，開開心心玩一天。

超時空翻譯機

古羅馬

如果你是古羅馬人，你應該會很自豪。

古羅馬從西元前九世紀在義大利興起後，一步步征服全義大利半島；到了西元前三世紀，開始把眼光瞄準地中海。然而地中海被擅長海戰的迦太基控制，於是，連打了三次布匿戰爭。

羅馬打贏了布匿戰爭後，它掌握地中海，成為橫跨歐亞非大陸的羅馬帝國；那是羅馬國

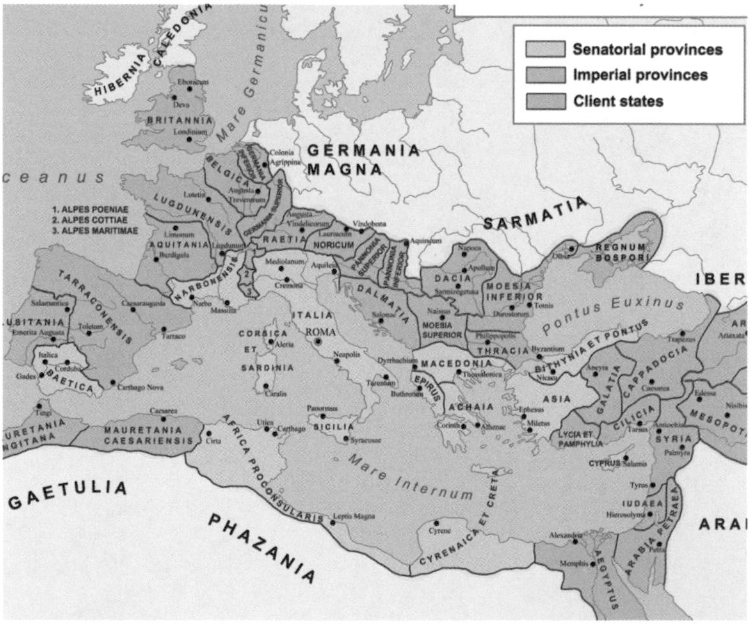

古羅馬帝國疆域圖

勢最鼎盛的時期，擁有無數的財富，大量的奴隸，遼闊的疆土，羅馬公民能享受到帝國的各項照顧。

當時羅馬公民最重要的福利之一，就是足夠的麵包配給和免費的娛樂表演。尤其是皇帝為了鞏固政權，他會招待大家進競技場或劇場，而且票價很低，甚至是完全免費。

不過，如果你是當時的奴隸，你會有做不完的工作，幾乎不足以填飽肚子的收入，最慘的是，主人有可能把你賣掉去當角鬥士，上競技場與人獸拚鬥。

古羅馬帝國存在世上很久，但是，天下大勢合久必分，再厲害的帝國也有傾垮的一天；西元三九五年，羅馬帝國分裂為東西兩部。西羅馬帝國亡於四七六年；而東羅馬帝國則在一四五三年被奧斯曼帝國所滅。

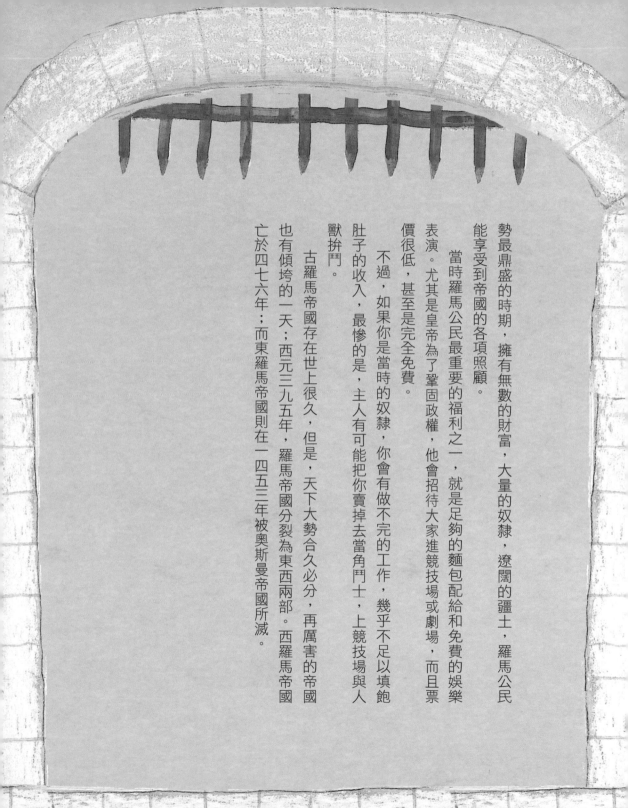

目錄

人物介紹

鍋蓋老師

可能小學新來的社會科老師，身材矮小，頂著一頭燙壞的短捲髮，活像一碗泡麵倒在鍋蓋頭上。他原來是廚師，從食材裡發現了貫通古今中外的大道理，所以決定轉行當老師。最愛用廚師的諺語來勉勵小朋友。

劉星雨

身材高䠷，皮膚黝黑，五官深邃，是可能小學百米賽跑紀錄保持人，也是游泳比賽一百公尺蝶式的冠軍，全身充滿運動細胞。同學覺得他跑得快，跳得高，簡直就像一陣流星雨，但是他覺得這不算什麼：「有一天我還要挑戰奧林匹克運動會呢。」

花至蘭

皮膚白皙，喜歡沉思與觀察。父母都是大學的生物系教授，她從小跟著父母上山下海做田野調查；國家公園是她的好朋友，百科全書是她小時候的讀物。她立志長大後一定要讀到雙博士，拿到諾貝爾獎是她最大的志願。

紅髮默默

傳奇角鬥士學院的傳奇老師，別看他平時喝得爛醉，但是，他曾創下帝國角鬥士連勝的最高紀錄。現在，要他指導幾個從沒上過競技場的孩子對抗最凶惡的巨人，可能成功嗎？

畢勝克

古羅馬帝國大競技場上最新一代的大英雄，連續完勝十四場的角鬥士，是全羅馬城竄升最快的巨星。最新的一項比賽，是帶三個孩子面對三頭老虎與六頭大象，畢勝克要如何獲勝呢？

胖瓦拉

古羅馬時代的商人，除了是一間超豪華的浴場的老闆，還是角鬥士學校的校長，並且幫皇帝安排三天的角鬥士比賽。為了省錢，他連自己浴場裡的小奴隸都不放過。

1 六號水道巡管員

在兒童節那天，把羅馬浴場搬進校園，這個概念是鍋蓋老師提出來的。

鍋蓋老師原本是廚師。他發現每一道料理，都隱藏著一個地方的風土民情與文化，於是他轉行當老師，把他從全世界的美食中學來的智慧給孩子。

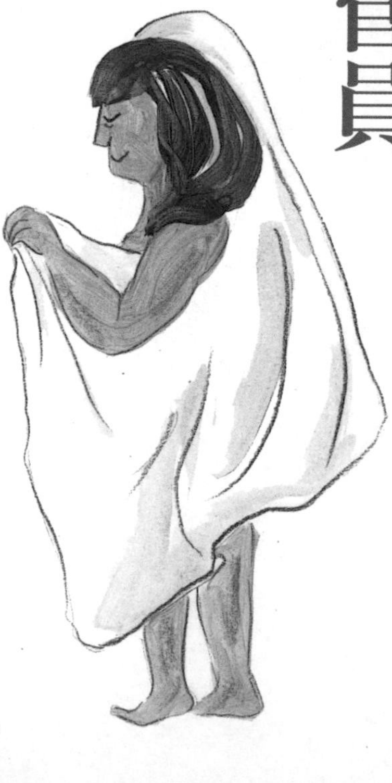

「古羅馬人的飲食簡單，生活也單純；古羅馬人不是在工作，就是在洗澡，所以浴場是他們最愛去的地方。在浴場可以泡澡、運動、開會，也有美食和音樂、表演；古羅馬的文化活動幾乎濃縮在浴場裡了。」

鍋蓋老師從羅馬浴場發想，計畫愈做愈大，除了在課堂介紹古羅馬，今年兒童節，鍋蓋老師還號召全校師生、師生的家人、附近社區居民，當然，也包括動物園裡的動物來共襄盛舉。

動物園管理員今天管起溫泉蛋圖書館。

企鵝玩轟轟轟水道；河馬去泡泡水道；怕水的猴子在慢慢溜水道盪秋千。

就連動物園的遊客們也受到邀請。

這是遊客們第一次踏進傳說中的可能小學。他們入境隨俗，腳踩涼鞋，身上套著羅馬時代寬鬆的長袍；走進可能小學大門，他們嘴裡不由自主的發出「哇哇」的尖叫聲——

一長列壯觀的石造拱門，像長城般綿延在可能小學後山山坡；它們宏偉壯觀，還會迎風飄動。

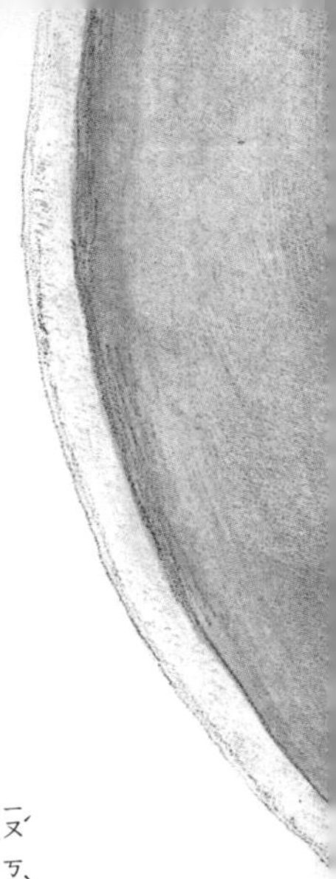

但是，飄動？

遊客們仔細一看，才發現那不是真正的石拱門，是大型的帆布輸出畫，遠看就像羅馬的水道橋。

真正的引水道是一條巨大的水管，它從後山把天然的泉水送下來。

水的力量帶動校園裡一部大水車，水車一轉動，它的輪葉帶動輸送帶，輕鬆的把小朋友送上滑水道頂端，大家就能從上頭溜下來。

「水道橋和引水道是古羅馬人的發明，羅馬時代就有自來水了呢。」

他們旁邊有個羅馬戰士，穿著盔甲，拿著長矛，幫大家導覽：「如果你回到古羅馬，就能見到這偉大的工程。」

羅馬戰士的身材矮小，但眼神很銳利；他戴了一頂奇怪的頭盔，像一碗泡麵倒在鍋蓋上，看起來就像……

「鍋蓋老師！」小朋友們很開心。

「老師，我們去玩轟轟轟轟水道。」劉星雨說。

「當然好啊。」鍋蓋老師脫掉盔甲。

在跟著鍋蓋老師跳下水道時，花至蘭突然想到：「我們

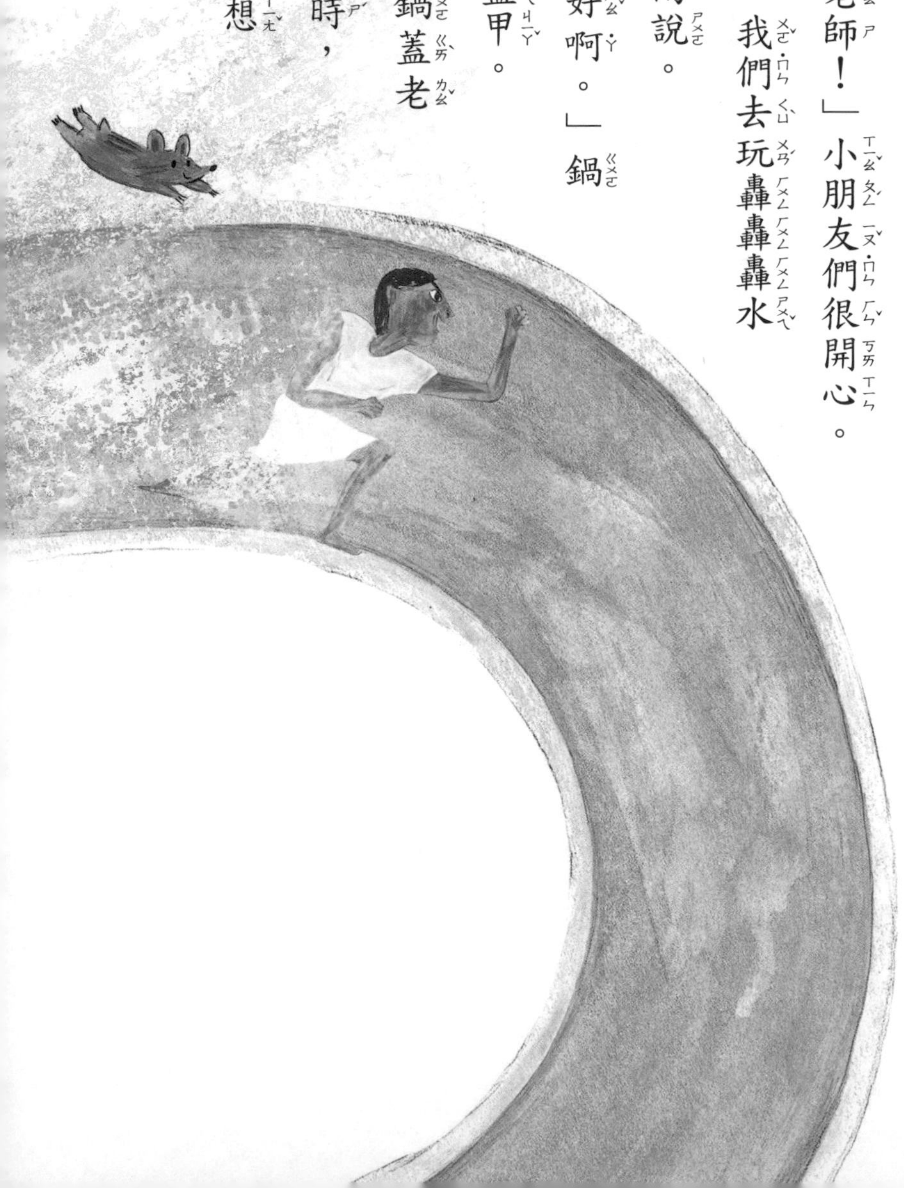

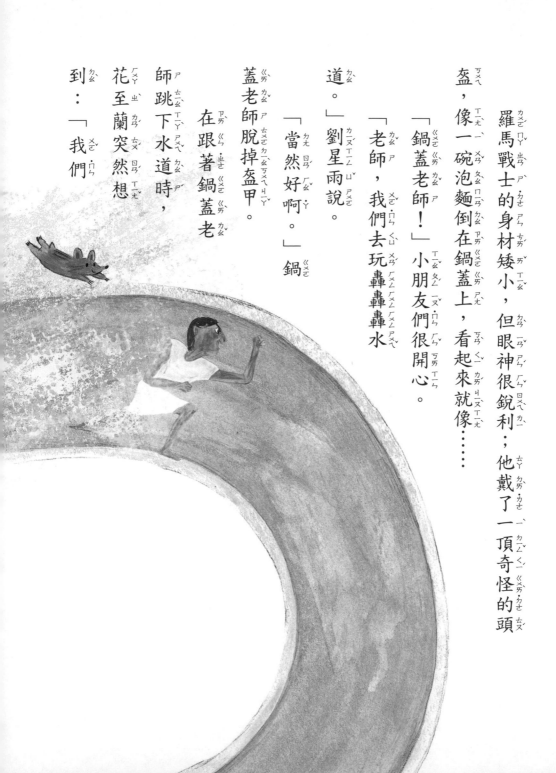

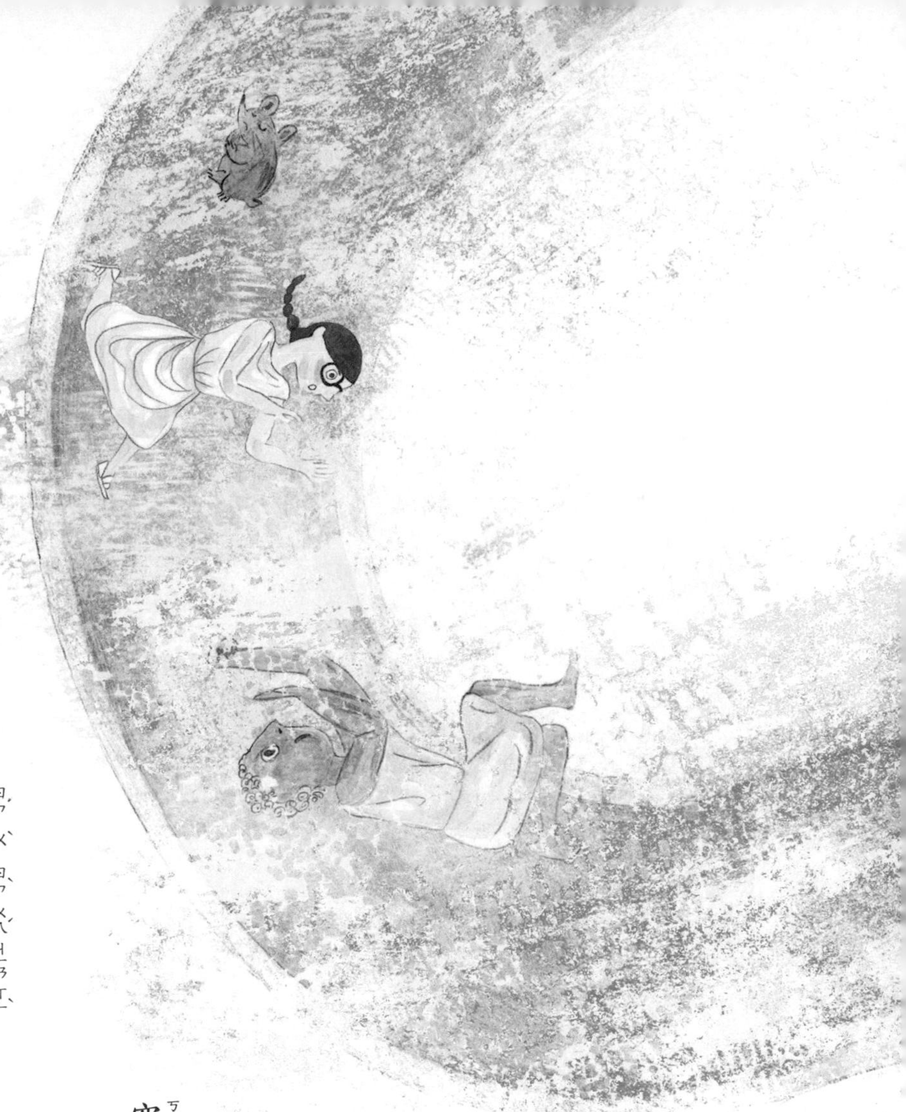

該不會又跳進某個時代了吧？」

電光火石間，她腦海裡跳出幾個畫面：

在亞述帝國的空中花園被獅子追；

在古希臘被雅典人誤認為奸細；

還有埃及的……

「金字塔」的畫面還沒跳出來，嘩——花至蘭已經到了水道出口。

出口處有隻望著她的企鵝，還有她的同學劉星雨。

「花枝丸，你嚇呆了，變成呆呆丸了嗎？」劉星雨的雙手在她面前揮一揮，問：「你要不要再玩一趟？」

「好哇！」轟轟轟水道的速度夠快，她不用想太多，就直接落到出口區；更棒的是，這個水道不會讓她穿越時空，回到過去。

花至蘭安心了，她興奮的搭著水車電梯回到轟轟轟水道的頂端，但是——

哪裡怪怪的？

頭頂陽光普照，三朵白雲空中飄，很多孩子在大叫，旋轉的水花在慢跑……

水花愈變愈慢，愈變愈小；水道的水也愈變愈細……

滴——答！

水道邊的孩子們都張大嘴問：「水呢？水怎麼停了？」

如果羅馬浴場沒有水，那只能當成羅馬晒衣場。

鍋蓋老師皺著眉頭跑來跑去檢查，後頭跟著一群小孩，小孩後面是企鵝。

「劉星雨，」鍋蓋老師擦擦額頭的汗：「你跑得比較快，去幫忙檢查看看，是不是有人把水關掉了？」

鍋蓋老師交給他一張紙：「你先穿上衣服，別感冒了；滑水道的頂端，那裡有一座控制室。」

鍋蓋老師指著花至蘭：「你陪他去。」

「我？」

「多個人，多一個幫手嘛。」鍋蓋老師說。

花至蘭只好乖乖穿上古羅馬長袍，套上古羅馬涼鞋，戴好即時雙向翻譯耳機——這是可能小學的新教學裝置，戴上它，可以立刻聽懂任何一種語言。當然，你說的話也會翻成對方聽得懂的話，立即雙向溝通，完全沒距離。

服裝也是鍋蓋老師的規定：不玩水的時候，就得扮成古羅馬人。滑水道的服務員全是鍋蓋老師安排的羅馬人，小朋友戴上耳機，就能隨時跟他們對話。

水停了，水車電梯當然不會動；想到滑水道的頂端，得自己爬。

好不容易來到水道頂端，兩人一時不知道要往哪裡去。

花至蘭拿出鍋蓋老師給的紙，上面畫了水管配置圖；在水管線路特別複雜的區域，還有幾個圈圈被放大了。

數一數，這種圈圈竟然有四個。

「好像闖關單。」劉星雨笑著說，「怎麼配置圖上還有小彎刀、頭盔、老虎和皇冠？」

「如果我們在這裡，」花至蘭指著配置圖的箭頭，她判斷：「往前走，就會看到一道門。」

他們跟著圖走到一扇門前。那是一個圓型的鑄鐵門，像潛水艇裡的防水門，只是尺寸大很多，直徑約有兩個人並排這麼寬。

「希望裡面的開關不要太複雜，最好一開，水就來了。」劉星雨急著想再去玩水。

劉星雨拉開那道門；鑄鐵門看起來笨重，拉的時候卻很輕鬆，不必用力它就開了。

門裡是一條圓型的通道，很像巨大的水管，寬度和高度足夠兩個人並肩行走。劉星雨搶先踏進門，花至蘭叮嚀他：「小心慢走。」

「可能小學很安全，你別像我媽一樣……」劉星雨嫌花至蘭囉嗦，只是他前腳才跨進通道，一股微弱的電流就從腳尖往上竄，啪啦啦的聲響，身上每一個細胞都感受到了。他隨即回頭，發現花至蘭也進來了，她的眼睛快速的眨呀眨。

花至蘭回頭，門無聲的關上。一陣輕微的「滋啦啦」聲，這條通道竟然瞬間變成通透的乳白色，人就像在日光燈管裡行走。奇怪的是，地上還有一隻咖啡色的小老鼠，耳朵奇大，眼睛特別靈活，奔著向前。

「楓葉鼠？」劉星雨說。

「應該是布丁鼠。」花至蘭三年級時曾養過一隻，後來送給堂弟。

「不是，牠是佛卡。」一個跟劉星雨差不多高的男孩，突然從通道岔路走出來。

男孩有一身褐色的皮膚，捲捲的頭髮。他先抓起小老鼠放進胸前口袋，再問：「我是六號水道巡管員，你們是新來的巡管員嗎？」

「巡管員？那是什麼奇怪的工作？」花至蘭問。

男孩帶頭往通道另一頭走，他邊走邊解釋：「巡管員就是負責巡查這條水管的人。胖瓦拉小氣又嚴苛，巡管員累得半死，他給的錢也只夠我吃個半飽。」

劉星雨告訴他：「我們不是巡管員，但是我們那裡的水停了。」

男孩聳聳肩：「我們這裡的水也停了，我只好上來看看。」

花至蘭看他東張西望的樣子，判斷：「你一定還沒找到停水的原因。」

男孩停了下來，兩手一攤，無奈的說：「水說來就來，說不來就不來，我也沒辦法。」

他說到這兒，那隻小老鼠從他胸前口袋鑽出來。花至蘭伸出小指頭逗弄小老鼠，小老鼠佛卡卻偏了偏頭，看起來很驕傲。

花至蘭用手指輕揉小老鼠，然後抬頭看著男孩說：「你年紀這麼小，就能當巡水管的專員，很厲害。」

「厲害？從來沒人說過我馬力歐厲害；奴隸就是奴隸，除非當上角鬥士。」

花至蘭很驚訝：「你是奴隸？」

馬力歐懷疑的問：「難道，你們不是奴隸？」

劉星雨很正經的告訴他：「馬力歐，我們是可能小學的學生，不是奴隸。」

馬力歐「咦」了一聲：「你們不是奴隸，那怎麼穿得跟奴隸一樣？你們的托加呢？」

「托加？」劉星雨和花至蘭互看對方，又看了看自己：他們身上穿著長版的短袖上衣，腰間綁著一條皮帶，一切都照鍋蓋老師的指示：「這是奴隸的服裝？」

馬力歐點點頭，「托加就是主人身上穿的袍子，是一種羊毛製的長披肩。」接著他笑著說：「你們這兩個小奴隸，在引水道裡可以胡說，出了水道可別再扮主人啦。」說完，他轉頭繼續往前走。

花至蘭和劉星雨哭喪著臉，這一切都怪鍋蓋老師，要他們扮成古羅馬人，卻沒告訴他們，今天的角色是奴隸。

馬力歐邊走邊說：「你們的運氣很好啊，主人還肯讓你們去讀什麼超能小學。」

「是可能小學。」劉星雨糾正他。

「所以說，雖然自己只有麵包，也別去盼望別人碗裡的魚；有麵包就不錯了，不是嗎？」馬力歐說到這裡時，轉頭看著他們，露出似笑非笑的表情，那神情簡直像是……

「鍋蓋老師？」劉星雨和花至蘭同時叫出來。

馬力歐卻好像沒看到他們的反應，用羨慕的神情說：「你們的主人真好，肯讓你們去學校讀書。」

「讀書是每個孩子都應該做的事啊。」劉星雨說完這話的同時，他們也走到通道的盡頭，前面有個門。

馬力歐停下來，很認真的嘆了一口氣：「所以，我說你們的主人很好嘛。我的主人，只會逼我天天來巡水管，走吧。」說完，馬力歐伸手把眼前的門打開。

超時空翻譯機

古羅馬浴場

如果你是古羅馬人，洗澡是你日常生活中最常見的活動；你不是在浴場，就是在往浴場的路上。

古羅馬的浴場十分考究，貴族與富商會有私人的浴場，但是平民百姓也享有泡澡的權利。帝國設立的大型公共浴場，歡迎大家使用，而且費用很低。

別以為公立的浴場很簡陋；它用大理石砌成，有漂亮宏偉的圓拱門，地上鋪著馬賽克磁磚，牆上有壁畫，四周有雕像，連用具也十分講究。

圖拉真浴場壁畫遺跡

浴場的主體是一間特大號健身房，還有噴泉。最大的浴場可供數千人沐浴，如同現代的三溫暖，分成冷水、熱水和蒸氣三種。大多數的浴場除了有遊戲室、熱氣室和浴池外，還有商店、酒吧和咖啡座，甚至有圖書館和劇院、花園等設施。

古羅馬浴場示意圖

古羅馬人到浴場不只是為了洗澡；他們可以商量買賣，談判協商，或是聊天談八卦。還有小販穿梭其間販賣美食，熱鬧非凡。

古羅馬人愛洗澡，帝國內的每個地方都設了大大小小的浴場。在一天忙碌的工作後，浴場無疑是大家最常去的地方了。

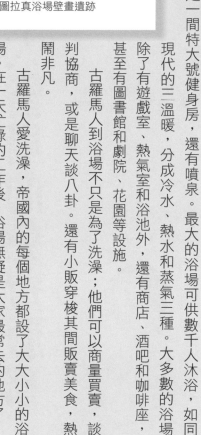

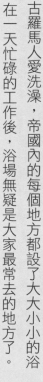

2 帕瓦拉大浴場的免費服務

門一打開，眼前是一個寬闊的大廳，地板鋪著馬賽克磁磚，拼貼出各種花朵的圖案。大廳的日光充足，光源來自不遠處的中庭；陽光從天井灑下來，均勻的照在噴水池的美女雕像上。

中庭的周圍是門廊，門廊是以圓形拱門裝飾，拱門下有大理石柱支撐著，看起來很氣派。

在每根石柱旁都有一座雕像，或威猛的勇士，或美麗的少女。

門廊後方緊跟著一條長廊，穿過長廊，進入另一個寬闊的大廳；再往後頭看去，那裡花木扶疏，應該是花園。

馬力歐在大廳裡停下腳步，劉星雨和花至蘭好奇的看著四周：這裡人聲鼎沸，每一個人好像都在搶著講話，「嗡嗡嗡」的聲音揮之不去。

一個胖胖的男人朝他們跑過來，他拉著馬力歐的耳朵，說：「水呢？水呢？水怎麼還沒來？」

「我的耳朵好痛啊，胖瓦拉主人。」馬力歐求饒，「我不知道水為什麼沒來，整個引水道我上上下下走過三遍了，裡頭就是空空的，沒有水。」

胖瓦拉急得團團轉：「這該怎麼辦呀，羅馬人每一天都得洗澡，現在帕瓦拉大浴場沒有水，這該怎麼辦哪？」

「羅馬？我們在羅馬的浴場裡？」花至蘭興奮得幾乎要尖叫了。

「帕瓦拉浴場遭受這麼大的危機，你還來問我這裡是哪裡？」胖瓦拉拍著額頭，「都什麼時候了，這裡如果不是羅馬的話，我又為什麼會這麼苦惱？」

花至蘭看他眉頭深鎖，她熱心的建議：「沒有水沒關係，你可以送贈品，

辦抽獎，或是送張折價券，客人都會很開心。」

「你？一個小小的奴隸也想教我怎麼做生意？」胖瓦拉小小的眼珠子轉呀轉，轉了半天，他突然停下來問：「什麼贈品、抽獎和折價券，那到底是什麼東西？」

「來浴場洗一次澡，你就送他們一個小禮物；如果連續來十次，就可以準備大禮物讓他們抽獎；還可以送來店禮，週年慶禮喔！」花至蘭的阿姨最愛

逛百貨公司，每次週年慶都會帶她去湊熱鬧。她知道，人人都喜歡免費的東西，把這方法套在古羅馬時代，一樣行得通。

「這個好，帕瓦拉大浴場雖然沒有禮物，卻可以送他們免費的服務。」說完，胖瓦拉轉身從一個小販的箱子裡，拿出一片白色的麵餅。

「我有小圓餅。」他把它撕開來，一人給一小片，「送

這個，怎麼樣？」

烘烤過的麵餅很香，很像……

「這好像是薄片披薩。」劉星雨說，「如果你放點香腸在上面，會更好吃。」

「你應該抹點番茄醬，撒上起司條；最好鋪上香腸、火腿和蝦仁，然後再送進爐子烤。」花至蘭邊說邊覺得肚子有點餓。

「什麼是番茄槍？『必撒』又是什麼奇怪的東西？」胖瓦拉說，「你到底是哪裡來的

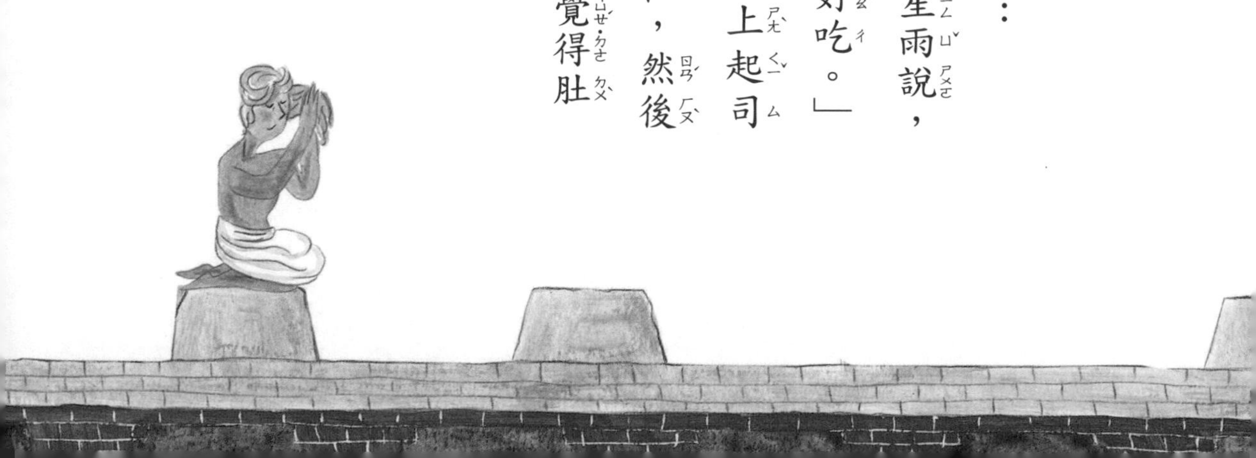

小奴隸，講一些亂七八糟的話。」

「我們是可能小學的學生。」花至蘭想起鍋蓋老師上課有教過，她說：「羅馬就在義大利半島上，你們義大利的披薩很有名。」

「沒有，這裡沒有必撒，」胖瓦拉一口吞掉那塊餅：「我還是送他們浴場三寶比較實在。」

「浴場三寶？」花至蘭和劉

星雨同時問。

「刮泥、按摩加拔毛。」

胖瓦拉得意的說：「以前要收服務費，今天沒水全部免費，因為我指派奴隸工作不必付加班費——就是你們了。」

「我們？」花至蘭有種不祥的預感。

胖瓦拉舉起他胖胖的雙手，大聲宣布：「各位帕瓦拉大浴場的嘉賓，今天羅馬城大停水，本

浴場歡樂大放送，今天到本浴場洗沒有水的澡，就能享受三項免費的服務。先介紹本浴場的刮泥高手——」他指著劉星雨，「這是羅馬第一刮泥手。」

「刮什麼泥？我不會呀。」劉星雨嚇了一跳。

胖老板遞給他一支小彎刀，劉星雨耳邊的即時翻譯機立刻傳來「叮」的一聲。

花至蘭也聽到一樣的聲音，她

立刻檢查配置圖，一個紅圈浮現，圈住圖上的小刀。

「第二項服務，由本浴場重金禮聘來的按摩高手——馬力歐伺候您的背；最後再由她——」

胖瓦拉把花至蘭拉過去：「真真正正羅馬城裡的拔毛冠軍，為您全身上下徹底拔個痛快。」

「這些都是免費的服務？」一個客人問。

「當然，當然免費。」胖瓦拉

轉頭催促三人：「你們還愣在這裡做什麼呢？快去工作呀！」

浴場裡有很多客人，他們開開心心的躺下來：

「我要刮泥。」

「我想按摩。」

「那個拔毛高手呢？」

劉星雨學著其他奴隸，拿著彎刀在客人的

背上輕快的飛舞，「唰唰唰」，刮出一條條黑色的泥。

「多出點力。」客人喊著，「力氣愈大愈痛快。」

花至蘭則是一臉為難。她手裡有支長長的鑷子，要用它幫客人拔汗毛。那客人背上的毛很長，但是她從沒幫人做過這種事。

「真的要把你的毛拔掉，你不怕痛嗎？」

那客人的臉尖尖的，留著兩撇又尖又翹的鬍子，眼神很凶：「當然要拔呀，我怎麼會怕痛呢？我說你呀，你的鳥爪子有洗過吧？」

「什麼鳥爪子？」

「我是說，你的手有洗過吧？沒有洗過的手，摸了我的身體，那多髒呀。」

「是是是。」花至蘭急忙去找了一桶水，把手徹底洗乾淨。

花至蘭重新坐好，緊張的拿起鑷子，準備開始她人生中第一次替別人拔毛。

但是鑷子還沒碰到人，那客人卻很不耐煩的說：「我說你呢，你拿的鑷子有洗過了吧？」

「鑷子……鑷子也要洗嗎？」

翹鬍子客人生氣了：「我說你們這家浴場，請了這個什麼奴隸，客人說一件做一件，客人要是沒說，不就什麼都沒做……這是什麼態度呀！」

趁著他在罵人，花至蘭洗好長鑷子，順便洗好自己的腳，腳指甲縫也都清得乾乾淨淨。她說：「尊敬的客人，可以開始拔毛了嗎？」

「我說你呢，你不開始拔，難道還要我來幫你動手——哇——」

花至蘭的鑷子上，有根金色的汗毛，她說：「尊敬的客人，我們要繼續嗎？」

「當然——哇——痛痛痛痛——」花至蘭每拔一根，翹鬍子客人就痛得大叫一聲，那慘叫，整個帕瓦拉大浴場裡的人都聽得到。

胖瓦拉走過來，搖搖頭，衷心給他建議：「你如果怕痛，那就別拔了吧？」

「那怎麼可以呢，這是免費的服務，啊——我說你呢，你沒有無痛拔毛的技術嗎？啊——我的媽媽咪呀——」

翹鬍子客人後面那句「媽媽咪呀」叫得特別慘，因為花至蘭一個不小心，一次拔下他一整撮的毛。

「賈酷，這麼痛，別拔了吧？」胖瓦拉好心的問。

原來這客人叫做賈酷，賈酷「假酷」，果然一點兒也不酷。

「胖瓦拉，我告訴你，這個免費的拔毛……啊啊啊啊——」

賈酷沒看到，花至蘭在他背後偷偷比了個「YA」，因為這回她用快速四連拔，一次拔掉他四根毛。接著她說：「客人，還要繼續嗎？」

「當……然……」賈酷狠狠吸了一口氣，眼眶裡還有淚水，那樣子真的一點兒都不酷。

3 傳奇學院裡的紅髮默默

一個穿著米黃色長袍的客人，走過來問花至蘭：「我想泡澡，但是聽說浴場停水了？」

花至蘭停止手上的動作，賈酷終於暫時停止哀號；她正想回答，旁邊的胖瓦拉陪笑臉說：「對呀，尊貴的客人，現在整個羅馬城都停水了，連一滴水也沒有……」

那個客人沒讓他把話說完，急忙打斷：「錯了，對面卡拉卡拉大浴場就有水，我剛才來的時候就有看到，滿滿的水呀。」

「那邊沒停水？」

「那幹麼還在這邊活受罪呢？」賈酷拿起花至蘭的長鑷子一扔，齜牙咧嘴的站起來，「走了走了。」

賈酷一站起來，滿浴場的人都跟著說：「胖瓦拉，不好意思，我們還是去對面洗澡吧。」

「洗澡就是要有水，才能洗得痛快嘛。」

他們說走就走，人人拿起衣服就要走出去。

胖瓦拉擋在門口，一邊指揮花至蘭和劉星雨幫忙拉住客人：

「別別別……別走，我再送各位一個月的半價優待券，怎麼樣？」

「不怎麼樣。」有人說。

「沒有水的浴場，就跟沒有飯的飯店、沒有酒的酒館一樣。」其他人說。

看著眾人離開的意志如此堅決，胖瓦拉用一種痛苦的語調說：「好好好，我決定了！真真正正的決定了！本來絕對不說的消息，今天告訴你們。」

「什麼消息？」眾人伸長了脖子靠過來。

胖瓦拉的語調一轉，聲音裡全是喜氣：「我們皇帝新蓋了一座競技場，最近落成了。」

「你的浴場要搬進去？」

「不，這場落成慶典，皇帝要舉辦連續一百天的競技大賽，而我胖瓦拉，要負責承辦其中三天的比賽。」

一個貴婦樣的女人打斷他的話：「意思是，你要在競技場裡舉辦浴場節？」

「不，」胖瓦拉發現他已經成功吸引大家的注意力，他兩手拍著肚皮，慢條斯理的說：「我呢，負責舉辦其中三場競技賽。我決定免費招待各位去看比賽，只要你們先預付未來一年的洗澡錢——先繳一年的年費。」

滿場的客人忙著去繳錢。

花至蘭稱讚胖瓦拉：「把危機變成轉機，你果然很會做生意。用三天的免費競技，成功製造話題！」

「還有更好的呢，」胖瓦拉喜孜孜的說：「我辦三天的比賽，需要很多角鬥士，你們三個去競技場附近的學校接受訓練吧！」

「我們？」花至蘭很擔心。

「我們！」劉星雨很興奮，「競技是不是一種比賽？要比賽跑還是比跳高？其實我對跳遠比較沒信心，但是如果你要我去比，我還是會努力練習，絕對不會讓胖瓦拉主人失望。」

馬力歐拉拉他，好像有話想跟他說，但劉星雨一心急著去比賽，他接著問：「胖瓦拉主人，你說吧，什麼時候開始比，要去哪裡比？」

「太好了。別人總是來遊說我，要我買角鬥士，一個就要付兩塊金幣。我其實不怕花錢，但自古以來，羅馬不是一天造成，角鬥士也不是一天練成的；我想培養自己的角鬥士嘛，而你們……」胖瓦拉的

大手搭在劉星雨的肩上，「你們是明日之星。走走走，我先帶你們去角鬥士學院，等你們學會了，就能上場啦。」

「有這麼好的機會，現在就能去？」劉星雨興奮得幾乎快跳起來了。

「當然是現在就去。你們只要隨便學一學，很快就能上場比賽。」

「這樣太快了吧？」馬力歐很著急，一邊對著劉星雨擠眉弄眼，一邊拉著胖瓦拉，「我們可以過一陣子再去。」

劉星雨完全看不懂馬力歐的暗示，他也拉著胖瓦拉說：「對我來說，這一點都不快。胖瓦拉主人，我們要出發了嗎？」

「當然。」胖瓦拉嘿嘿一笑，率先走了出去。

花至蘭喜歡羅馬。整座城市沿著山丘起伏，高處有一棟建築物特別醒目。建築物的正面是三角形的屋頂；屋頂下方有圓柱支撐。建築物整體看起來簡潔明朗，卻又莊嚴神聖。

「那是某個神廟嗎？」花至蘭問。

「沒錯，裡面供奉著天神朱庇特。」馬力歐說，「在朱庇特的看護下，羅馬才會這麼強盛。」

「朱庇特是誰呀？」花至蘭很好奇。

胖瓦拉拍拍額頭：「我的朱庇特呀，你是哪裡來的蠻族小奴隸，連掌管眾神、掌管宇宙的真神朱庇特都不知道？」

「我的朱庇特，你又沒有介紹過，我怎麼會知道呢？」花至蘭頑皮的學著胖瓦拉的口氣，她看了劉星雨一眼，劉星雨也笑了。

胖瓦拉不理會花至蘭的嘲笑，他領著兩人繼續在大街小巷間穿梭。街道的路面都是用石塊鋪成；每個十字路口都設有石製的水池，水池周圍放置精緻的雕像，甚至還有噴泉廣場。

街道兩旁的商店櫛比鱗次，商品琳瑯滿目，生意非常興隆。很多宏偉的建築物是用大理石建造，建築物外圍都有高大的石柱。

整個街道最醒目的，就是張貼在四處的角鬥士比賽的宣傳海報。

胖瓦拉指著牆上的海報：「看到這張沒有？那天，我們全能至聖，尊貴無比的皇帝親自下場，一個人跟四百個角鬥士比賽。」

「誰贏了呢？」劉星雨好奇的問。

胖瓦拉露出滿嘴的大黃牙：「這世界上，有人『敢』打敗皇帝嗎？」說到「敢」字他特別加重語氣，大家都發出會心一笑。

「不知道這場比賽你們有沒有看過……」胖瓦拉肥短的手指在一張褪色的海報上遊走，幾條代表水面的波浪線上，有幾艘戰船。

「這場比賽是在海上？」花至蘭猜，「參賽者乘船出海？」

「我的朱庇特呀，你怎麼這麼沒見識呢，難怪只能當奴隸，哈哈哈。皇帝命人把水灌進競技場，大家操著船在裡頭打仗，何必費事去海邊呀！」

胖瓦拉的笑聲太可怕，路邊好多人都停下腳步看著他們。

被這麼多人圍觀，花至蘭覺得很不自在；幸好，傳奇學院到了。

說這裡是學院，但外觀完全感受不到學校的氛圍。四面高牆圍繞，窗戶極高極小，偶爾從裡頭傳出一陣粗暴的吼聲：「攻呀，上前呀！」

伴著那陣吼聲的，往往是另一陣讓人膽顫心驚的哀號。

學院裡的空間很大，有個特別大的砂質空地。學員分成幾組在對打，一個老師樣子的人站在一旁狂吼：

「上去，上去，他怕了，你用點力吧。」

「吃飯了沒，你這種攻擊力連老鼠都打不死！」

說到老鼠，躲在馬力歐口袋的佛卡探出頭，看一看，發現沒牠的事，牠又躲進去。

「胖瓦拉校長，你又帶新學員來啦。」迎接他們的人，有張嚴肅的長臉，一雙發黃的眼睛仔細的打量劉星雨。

「沒錯，嚴格交老師，這幾個奴隸來讓你調教調教。」胖瓦拉哈哈大笑。

原來，這間學院也是胖瓦拉開的。

嚴格交捏捏劉星雨的手臂和大腿：「腿有力，但上臂太軟弱。」

接著他轉頭看著花至蘭：「這個瘦得跟小雞似的小女生也是？」嚴格交不可置信的說，「胖瓦拉主人，你想派女娃娃上場？唉！我沒空教她，她不可能學會的。」

「嚴格交，我要承辦三天比賽，如果他們能下場……」

「不可能。」

「不會吧？」胖瓦拉不太相信。

「他們上去，保證一下子就下臺了，這種角鬥士我教不來。」嚴格交轉身踢踢牆邊一個喝得爛醉的紅髮老人，「讓阿默教他們吧，傳奇學院裡，只有最具傳奇性的阿默能教這幾個小孩。」

紅髮老人連動都沒動，一個角鬥士提了一桶水，倒在他的頭上。

「怎麼了？再來一桶酒我也不怕。」阿默老人坐起來，他把頭上的水撥掉，露出臉頰上的長疤，「酒呢？是誰要請我喝酒？」

學院裡的人都笑了：「老頭，沒人要請你喝酒。」

「但是，恭喜你新收三名徒弟呀，阿默！」

「嘿，老頭，你的人生又要多一筆傳奇。」

這群角鬥士學員，很有默契的唱起歌來：

傳奇傳奇
流血流鼻涕
傳奇傳奇
使出最後的力氣

我是傳奇，我上場去
廝殺天空奔進地獄
我們是傳奇
哦——嘿——我們是傳奇
光榮戰鬥的傳奇

他們唱著歌，唱到尾聲時還握拳朝著空中用力揮擊，幾十個人做同一個動作，個個神情亢奮，連劉星雨也忍不住跟著振臂狂呼。

紅髮老人冷冷的看著劉星雨：「你想當角鬥士？」

「你肯教我嗎？」劉星雨大聲的說，「我一定會好好學習的。」

「山平。」

「什麼山平？」

紅髮老人扯著劉星雨的領子，把他拉到自己面前：「你再拿三瓶酒來，我就教你……呃……」他吐出一大口的酒氣後，身體一軟，又倒地睡著了。

超時空翻譯機

條條大路通羅馬

如果你是古羅馬人，住在羅馬城裡，要怎麼跟外界連絡呢？人們常說：條條大路通羅馬。羅馬城是帝國的中心，帝國橫跨歐亞非三洲，要統治那麼廣闊的領土，靠的就是四通八達的大道。

古羅馬人除了擅長打仗，他們更是出色的工程師，帝國統治到哪裡，帝國的道路就建到哪裡。根據史料的記載，羅馬人共築了八萬公里的硬面道路。

建設這些道路有一套標準的流程：先鋪設四層的砂礫或石頭，構築出堅固的路面；路兩旁設排水溝，防止積水；道路兩側不能種樹，以免樹根破壞路面。長途跋涉也不用擔心，中途設有休息站與換馬所，讓傳遞訊息的士兵，能換馬匹繼續前進。也因為這些道路，才能串起羅馬帝國與外界的貿易和文化交流。

後來，羅馬城成為西歐天主教的中心，各地的教徒絡繹不絕的前往朝聖；當時從義大利半島或歐洲的任何一條大道旅行，只要不停的走，最後都能到達羅馬。

最厲害的是，這些道路現在仍是義大利的國道，只是上面多鋪了一層瀝青。從這裡也可以看出，羅馬帝國時代建造的道路有多麼堅固耐用了。

羅馬古道

超時空翻譯機

角鬥士

如果你是個古羅馬人，你的偶像很有可能是一名角鬥士。你會去看他的比賽；房間裡貼滿他的海報；你會去買他代言的產品；甚至和同學在校園裡扮演他的樣子。

是不是跟現代的粉絲追星差不多？沒錯，在古羅馬時代，一名夠格的角鬥士，甚至會成為少女們瘋狂追求的對象呢。

角鬥士通常都是戰俘或犯錯的奴隸，他們的職責是在競技場上進行殊死戰，為人們提供野蠻血腥的娛樂。不過，有些羅馬公民會為了名聲或財富自願加入，甚至多位帝國的皇帝也曾親自下場比賽。

角鬥士圖

角鬥士在出場競賽前，必須先經過專門的學校訓練，才能夠上競技場搏鬥。在羅馬的全盛時期，這種訓練學校遍布義大利各地，它們像集中營一樣，四面被高牆圍住，裡頭有一座小型競技場供角鬥士練習。

很多人抱著脫貧致富的心態投入角鬥士的行列，然而這畢竟是真刀實槍的比賽，多數角鬥士都活不到三十歲——他們的鮮血灑在競技場上，終究只換來人們一陣歡呼，你覺得值得嗎？

角鬥士學校

如果你是古羅馬人，對角鬥士有興趣，你可以去角鬥士學校接受培訓。

角鬥士學校由皇帝、貴族和富有的商人開辦，他們同時是角鬥士的經紀人，會替角鬥士安排比賽、接受商業代言廣告……等等。

所有的角鬥士學校都以嚴格著稱，違反任何一條校規，都要遭受鞭打、棒擊，甚至是用鎖鏈囚禁——這些學校備有牢房，隨時伺候不聽話的學生。

學校的教練是以前的角鬥士；只要他們曾經參與角鬥比賽三年以上，並且沒葬身在角鬥場，等他們退出角鬥場，有些人會到角鬥士學校擔任教練。教練身經百戰，他們說的話，自然能贏得學生的信任。

在這所學校裡，學生要學體操、摔跤，還有各種武器的使用技巧。菜鳥學生拿的是木劍，先練習刺擊木頭人，等到學一段時間後，才能跟其他學生模擬作戰。

每一所角鬥士學校都有自己的小型競技場，它提供學生一個練習的場所。

所有的角鬥士都明白一個道理：他們必須殺死自己的朋友才能生存。「場下是朋友，場上是對手」，這就是角鬥士們真實的生活寫照。

競技場旁的角鬥士學校遺跡

4 打敗巨人的方法

得兒！得兒！遠處有一陣馬蹄聲。

傳奇學院的大門突然被人推開，門外有幾個高傲的騎兵。

他們戴著頭盔，頭盔上頭有一列紅色的毛。

帶頭的士兵像班長，這班長趾高氣昂的樣子，加上那頂頭盔，簡直就像……

「公雞班長。」花至蘭在心裡替他把綽號取好了。

公雞班長說話時，眼睛不看人，只對著空氣講話。

「胖瓦拉，執政官派我來問問，今天是大競技場第七十四日活動，你們派的人怎麼還沒去啊？」

「是是是，謝謝大人通知，我們今天就去。」胖瓦拉討好的說。

「別遲到了，今天……」公雞班長終於低頭看著他：「今天，我們全能至聖尊貴無比的羅馬帝國皇帝，將會親臨現場。」

「我的朱庇特呀，全能至聖尊貴無比的皇帝要來，該怎麼辦呢？」胖瓦拉嚇得眼珠子都快掉下來了，他七手八腳的送走公雞班長，連聲催著眾人：「快快快，各位老師，你們趕快挑選適合的人，今天，我們傳奇學院絕對要在全能至聖尊貴無比的皇帝面前，好好露臉一番。」

「好哦——」在眾人的吆喝聲中，節目很快就排出來了。

一、小矮人對抗大巨人

二、小矮人智鬥猛獸

三、人獸大決戰

按照傳奇學院裡老師們的安排，節目主要在表現出巨人的勇猛威武，一拳就能把小矮人打倒。

傳奇學院裡有個大巨人海格力斯，他滿臉橫肉，站起來比學院大門還高半顆頭。

「海格力斯，是希臘神話裡大力士的名字。」馬力歐在旁邊解釋。

看他那壯碩的樣子，花至蘭忍不住替他的對手感到難過——誰那麼倒楣要遇上他呀？

「至於小矮人嘛……」胖瓦拉沉吟著，角鬥士學院裡，連最瘦的學員的體型都像摔角選手，到哪兒找小矮人？

嚴格交突然笑了：「胖瓦拉，你今天不是帶了三個孩子來，就讓他們上場啊！」

「我們？」花至蘭退到後頭，「我們連課都還沒開始上。」

嚴格交的臉色一沉：「當你在羅馬的時候，就得像個羅馬人。」他還不懷好意的指著阿默：「當你是個角鬥士時，別找太多理由——去吧，找你們老師學習去！」

花至蘭看著阿默，猶豫的說：「他？他在睡覺……」

「他只是醉了，不是睡了。」嚴格交把一桶水交給她。

「用水潑他？我不要。」

嚴格交哼了一聲：「你想留著小命，最好快把你的老師澆醒；如果沒有阿默教你，你敢上場去跟海格力斯對抗？」

嚴格交硬把水桶塞給她，還把她往前推了一大步。

花至蘭提著水桶，她發現自己的手在抖：「但這是一桶水……」

嚴格交提高音量：「卻是一桶能救你小命的水，就看你的決定了。」

嘩啦——

這是花至蘭第一次，親手把水倒在一個人的頭上。

她倒得不算快，那水緩緩的從阿默的頭上順著紅髮往下流；阿默這回真的醒過來，搖搖頭，水花四濺。花至蘭和劉星雨搖著他：「阿默老師，要上場啦。」

「上場？」

「你還沒有教我們任何一個招式，我們就要上場對抗一個大巨人，他的名字叫做海什麼力斯……」

「海格力斯？」阿默勉強把眼睛睜開一條縫，「是誰那麼倒楣，要在競技場上與海格力斯決鬥？」

「我們呀。」劉星雨用力搖搖他：「你快起來，教我們怎麼打敗他。」

阿默搖搖晃晃的站了起來，他的腳步不穩，劉星雨和馬力歐一人一邊拉住他，怕他跌倒。

「你說，該怎麼辦嘛？」花至蘭在他耳邊問。

紅髮阿默一腳高一腳低的走到武器架邊，那裡有不少刀劍。不過，他看都不看一眼，反而從底層挑出幾個頭盔，一個個拿起來拍打：過了一會兒，他找到一個看起來其貌不揚的頭盔，拿在手裡掂一掂。

「嗯……就它了。」阿默把頭盔套在劉星雨頭上，那頭盔很沉，裡頭有股汗臭味加霉味加一些亂七八糟的味道，戴上後只能露出兩隻眼睛。

阿默拍拍劉星雨的頭，大聲的問：「戴著頭盔，你聽得到我說話嗎？」

「頭盔？」

「叮——」劉星雨的耳朵裡，傳來一個清脆的聲音。

又一個關鍵圖案被找到了。花至蘭悄悄看了鍋蓋老師給的水管配置圖，果然，頭盔的圖案上出現了一個紅圈。

對劉星雨來說，這個頭盔太重也太大了，如果他的動作大一點，頭盔說不定就會掉下來。他問：「有沒有比這個再小三號的？這太大了。」

阿默沒理他，他只顧著把武器架上的一堆東西丟給他：一塊護肘，一塊護膝，一把長刀，一塊圓型的盾牌，外加一把短刀。

「就這樣了。」阿默像完成一件大事般，滿意的點點頭，「行了，沒問題了。」

劉星雨穿上阿默給的裝備，然後試著動一動；他所有的關節似乎都在抗議：這太重了。裝備讓他的動作變遲緩，他感覺自己像個機器人，或是一百歲的老人。

花至蘭很小心的問阿默：「你是說，他這樣就能打敗大巨人海格力斯？」

「打敗海格力斯……」

阿默替劉星雨綁緊盔甲上的牛皮繩，然後，用他混濁的眼睛瞄了他們一眼。花至蘭發現，他有一隻眼睛是瞎的，而現在，他那隻沒瞎的眼睛瞪大了：「我沒說能打敗海格力斯，他能保住性命就要偷笑了。」

一聽阿默這麼說，花至蘭急了：「劉星雨是我們學校跑最快的人，一定有方法……」

阿默伸手在劉星雨的頭盔上一敲，劉星雨眼前一陣金星亂冒。

「穿好裝備，把你的兩條腿抬起來，跑快一點，或許海格力斯還會好心的替你留下一條腿，而不會把你砍成兩半。」阿默沒好氣的說。

「那……我跟馬力歐怎麼辦？」花至蘭問。

「連你們也要下場？」阿默抬起頭，終於用那隻殘存的眼睛認真打量他們，「這麼荒謬的節目到底誰提議的？」

傳奇學院有一條地下通道可以通往競技場。

那是一條只供兩個人並肩行走的地下道，路很長；花至蘭在心裡默數，數到一千後，她就放棄了。接著，又走了很久很久，在她以為永遠走不到時，他們終於到了競技場的地下室。

「畢勝克，畢勝克。」一陣陣歡呼的聲音，從他們的頭頂傳來。

花至蘭抬著頭，想像頭上的人數，至少有幾百人吧。

「五萬人。」阿默似乎知道花至蘭在想什麼，「羅馬帝國的競技場上，至少會有五萬個人盯著你看，你勝利了他們歡呼，如果你跌倒了，受傷了……」

「他們會替你流淚？」花至蘭說：「真是浪漫。」

阿默笑得很誇張，露出剩沒幾顆的牙：「不，你跌倒了，受傷了，他們也歡呼。」

「太過分了吧？」劉星雨不太相信。

「沒錯，那時，他們會替你的對手歡呼。總而言之，這些觀眾就是來享受看別人流血的快樂。」阿默突然變得嚴肅，「如果你的表現精采，你就有機會變成他們的英雄，他們會瘋狂的愛上你，說不定你們有機會從奴隸變成自由人。」

阿默說這些話時，眼神變得好遙遠，彷彿……

「你當年一定也是個大英雄。」花至蘭判斷。

「我想起來了，」在旁邊默不作聲的馬力歐突然跳起來，說：「紅髮默默，你是紅髮默默，連續三十九場不敗的競技場英雄。」

阿默沉默不語。

「大家都知道，紅髮默默一個人斬殺六頭北非雄獅，連皇帝都親自召見你，封你為羅馬帝國第一勇士。我的床下，就有一張你的海報。」

馬力歐說話時，那隻小老鼠佛卡也跑出來，就在眾人腳邊嗅來嗅去。紅髮默默把手指伸向牠，牠竟然一下子就跳上去，沿著他的手臂，跑到他的頭上，並從那堆紅色亂草似的頭髮裡，探出頭來望著大家。

「那是神話。」阿默看了他們一眼，話鋒一轉：「等會兒就要上場了，你們還有時間閒扯。」

「那該怎麼辦？」花至蘭問。

天井的光灑下來，照得紅髮默默的表情更嚴肅了。

「比賽時別被海格力斯抓到，然後發揮自己的專長，別忘了——」

紅髮默默的獨眼突然亮了起來，「他很胖，你們很小。」

超時空
翻譯機

羅馬競技場

如果你是古羅馬人，大競技場是你生活中的一部分。大競技場又稱羅馬鬥獸場，它建於西元七二到八二年間，由維斯帕先皇帝下令修建，直到他的兒子提圖斯皇帝在位時才落成。

這座大競技場目前還在，雖然曾經經歷過各種災難，但它現在殘留下來的樣子，依然能讓人想像它落成時宏偉壯觀的景象。

大競技場的長度約有兩百公尺，寬度也有一百五十公尺；地面鋪了地板，地板下是地下室，那是角鬥士與野獸等待的地方，比賽時再把他們升上來。

整座大競技場呈碗狀，被層層的看臺包圍。這些看臺約有六十層；為了避免夏天直接曝晒在太陽下，最上層有懸掛式的遮陽棚，由站在最上層的人像控制風帆那樣操控。

貴賓區位於最下層的最前排，享有最具臨場感的視野；愈往上的階級愈低，最上層是保留給女人，但是只能站著看。

只要是羅馬公民，都有進場的權利，可用便宜的票價觀賞比賽，甚至會得到免費的門票——這是皇帝和貴族們用來穩定民心、鞏固政權的方式之一。至於為何羅馬人喜歡觀賞這麼血腥的競技？恐怕跟羅馬人好戰、嗜血的個性有很大的關係。

羅馬競技場內部

5 巨人是一塊活動肉型石

紅髮默默的話提醒了劉星雨，劉星雨說：「我跑，我很會跑，大巨人一定追不到我。」

「我不怕他。」馬力歐拍拍自己的胸膛，自信滿滿的說：「他如果打過來，我就打回去。」

紅髮默默搖搖頭：「你這孩子真倔強，退後才是向前，敵人那麼強，你不一定要跟他比比力氣。」

「那比腦力呢？」花至蘭笑，「我跟他比九九乘法好了。」

「什麼酒酒趁伐？」紅髮默默問，「那是什麼武器？」

「不是武器，是數學，我要跟他比數學……」她說到這兒，上頭競技場的觀眾突然大叫著「畢勝克」，地下室因此土屑飛揚，地面震動，小老鼠佛卡「吱」的一聲，跳進花至蘭的懷裡。

「畢勝克獲勝了。」馬力歐猜。

紅髮默默沒理他，只是把馬力歐的護甲綁緊，交代他：「拿出自己的本事，別和海格力斯硬碰硬。」

這個地下室，有個巧妙的機關，士兵們把頭頂的繩子一拉，天花板就落下來，變成一道向上的斜坡，直接通到地面。

白花花的陽光照進斜坡，競技場上的聲音更清楚了。

他們三個戰戰兢兢的走上斜坡，到達平地後，終於能看清楚這個大競技場了。

這是一個像橢圓型大碗的建築物，他們就站在碗底。碗壁上，密密麻麻的全是人，一層又一層；大家指著他們，齊聲叫著：

「巨人戰侏儒，巨人戰侏儒。」

如果這三個孩子是侏儒，那巨人在……

塵土飛揚的砂石空地對面，也就是這個碗型競技場的對面，海格力斯就在那裡。或許是競技場太大了，從遠處看，他看起來並不像在傳奇學院時那麼高大。

海格力斯戴著有防護面罩的頭盔，身上沒有任何的盔甲或保護裝備。只見他揮舞著一把大斧頭，向四周的觀眾叫囂：

「啊——啊——」

巨人每吼一聲，觀眾的歡呼就響起一次，人們甚至高呼他的名字：「海格力斯，海格力斯！」

「一掌把那三個侏儒打扁吧。」

海格力斯興奮的揮舞著斧頭，在空中轉了一圈又一圈——那把斧頭砍下去，連牛都可能被他砍成兩半吧？

「嘿，泥們鍋來臭死。」

海格力斯的發音很含糊，但是觀眾只管歡呼，「送死」說成「臭死」他們也不在乎。

「小侏儒，過去臭死吧。」人們學著海格力斯喊。

「偶醋海格拉屎，」巨人兩手握拳，朝天怒吼，「羅媽踢狗最偉大的海格拉屎，你們還不鍋來？」

雖然氣氛很緊張，但花至蘭還是忍不住笑了出來。

「羅媽踢狗？我的老天鵝啊。」花至蘭模仿海格力斯的口音。

「你們還不鍋來啊？」海格力斯大吼著，將巨斧在地上狠狠一敲，花至蘭幾

乎都能替大地感覺到疼了。

但是，誰會主動過去呢？花至蘭搖搖頭，她沒那麼笨，搶著去送死。

可能小學怎麼會送小朋友來這麼危險的地方？她看看天空，陽光刺眼，連一朵雲都沒有。鍋蓋老師不知道有沒有跟他們來羅馬？他會扮成什麼呢？難道是紅髮默默？

她還在猜，那隻小

老鼠佛卡竟然鑽到她的腳邊，傻呼呼的衝向巨人海格力斯。

「佛卡！」馬力歐喊著，他想去追牠，但又不敢。

佛卡的動作迅速，繞著巨人轉了一圈又一圈，足足轉了七、八圈；海格力斯又氣又怒，跟著轉呀轉，那把斧頭不斷擊打地面，迸出一連串的火花。可惜，他再快也沒有佛卡快；佛卡轉夠了，這才「吱吱」的跑回來，跳上花至蘭的肩頭，又「吱」了一聲。

「碰」的一聲，巨人一屁股坐到地上，大口大口喘著氣。

「好啦，我知道你很聰明。」花至蘭稱讚佛卡，同時，她學到一件事：「巨人不可怕。」

「而且，呆呆的。」劉星雨也笑了。

巨人用斧頭做支撐，好不容易爬起來：「泥們不鍋來，偶，羅媽踢狗最偉大的海格拉屎就要鍋去了。」

海格力斯說來就來，他邁開巨大的腳步，「碰碰碰」的朝他們走過來。

對，是走過來；他太高太壯太胖了，如果要他跑，一定很費力。花至蘭提議：「我們三個人別聚在一起，分開來，讓他追。」

他們說跑就跑，分別往三個方向跑出去。

「別……別跑！」巨人站在中間，一時間不知道該去追誰。

「來呀，來呀，來追我啊。」劉星雨跑得快，邊跑還能邊逗巨人。

全場的觀眾都笑了，因為大家都看到，一個巨人追三個孩子，被追的孩子嘻嘻哈哈的在前面跑，看起來威力無窮的巨人追得氣喘吁吁。更可憐的是，等他好不容易追到了劉星雨站的地方，劉星雨早已經又跑到別的地方了。

巨人很沮喪，現在，手上的斧頭比較像柺杖，他倚著斧頭說：

「別……別再跑了。」

劉星雨離巨人並不遠，他自信自己跑得夠快，他故意站在離巨斧幾步的地方招手：「海格拉屎，你來呀，來呀……」

「去呀，海格力斯。」「我的朱庇特呀，海格力斯，去啊。」羅馬的觀眾生氣了，紛紛朝他丟東西。

「挪動你的笨屁股，追上去吧。」一個聲音從看臺觀眾席中傳出，一顆石頭準確的敲中海格力斯的腦袋。

這下子，海格力斯真的被激怒了，他狠吸一口氣，把巨斧舞成螺旋槳般，怒氣沖沖的衝向劉星雨。

海格力斯跑得又快又急，快速而沉重的衝過來。

咚咚咚！

劉星雨沒料到海格力斯會突然加速，這下怎麼辦？這麼危險的時候，他卻愣住了。

「你快跑啊，劉星雨。」花至蘭拚命的大叫，「你快跑啊。」

「跑？」

就在巨人快跑到他面前時，他才回神，急忙轉身，跑到了牆邊。眼看再無退路，劉星雨像被嚇傻似的，竟然不動了。

「劉星雨！」

花至蘭不敢看，她立刻用手遮著眼睛；在最後殘留的影像裡，巨人跳起來，斧頭從後到前劃成一道圓弧，朝著劉星雨劈落。

時間，到底過了有多久？

「鏘」的一聲，斧頭砍到了什麼。

「砰」的一聲，哐啷啪啦，什麼東西轟隆轟隆的響。

四周安靜了一會兒，然後，突然爆出一陣喝采。

花至蘭不安的把手緩緩挪開，咦？海格力斯仰天躺在地上，劉星雨和馬力歐站在旁邊笑著。

巨人的斧頭牢牢的卡在牆上，牆上還被海格力斯撞出一個可怕的人形凹洞。

「劉星雨……你沒事？」她衝過去，抱著劉星雨，又叫又跳。

劉星雨搔著頭：「他衝過來，我就跳開，他就……」

「他就自己去撞牆。」馬力歐比劃著，「你比海格力斯還厲害。」

滿場的叫好聲持續不斷。

「沒……沒……沒什麼。」

劉星雨朝著競技場四面八方鞠著躬，馬力歐卻阻止他，要他用手拍拍胸口：「你應該這麼做，獲勝的角鬥士都這麼做的。」

沒錯，連小老鼠佛卡都在馬力歐的肩上，拍著胸口，接受觀眾的喝采。

而無數的花瓣，從空中拋落，那是羅馬市民對英雄的崇拜表現。

6 羅馬勇士智鬥猛獸

「各位，這兩位男孩展現的，就是我們羅馬城的建城歷史呀。」一個聲音從這巨碗似的建築上方傳來，那聲音好熟悉，花至蘭用手遮著陽光，抬頭看到了胖瓦拉。

胖瓦拉說得好激動，雙手不斷的比劃：「想當年，羅慕路斯和瑞

穆斯兩兄弟，被狼收養，後來才在羅馬這裡建城；而今天，這兩個來自傳奇學院的男孩，成功的打敗巨人海格力斯，就像是我們羅馬建城的傳奇英雄，充滿了勇氣與智慧呀。」

海潮般的掌聲中，有個喝醉了的男人問：「那……那個女孩呢，那又是怎麼回事？羅馬建城可沒提到女孩呀。」

「對呀，對呀，羅馬建城只講到兩個男孩。」更多的人等著看好戲。

「這個啊……」胖瓦拉故意停頓了一下，等全場的目光都集中在他身上，他才不慌不忙的說，「有傳奇兄弟開創羅馬，當然也會有美麗的女神庇護——這女孩是女神黛安娜的化身，庇護我們偉大的羅馬。」

「黛安娜，黛安娜，黛安娜——」

一陣一陣的呼喊，觀眾的情緒來到最高點；花至蘭搖搖頭，覺得這群人瘋了：「我不是女神，我只是一個小學生。」

「黛安娜是最受歡迎的女神。」馬力歐在旁邊解釋，「她也是月亮女神、狩獵之神，是少女的保護者，羅馬城裡到處都有她的雕像。」

「那我們可以離場了吧？」劉星雨看看四周，打敗海格力斯後，他的心還在撲通撲通的跳。

像是在回應他的話，胖瓦拉開心的宣布：「接下來，各位可以好好欣賞，由胖瓦拉大浴場提供，傳奇角鬥士學院安排的第二個精采節目——羅馬建城史第二章：勇士智鬥猛獸。」

「哇，好刺激喔。」看臺上響起一陣騷動。

從花至蘭站的地方望向最高的看臺，只剩下一個個模糊的小點，看起來小得像螞蟻。最上方的風勢強大，吹得遮陽的布幕啪啪作響。從上面往下看的人，他們會看到什麼呢？

「吼——」一個可怕的聲音打斷她的想像。

四周的觀眾變得興奮：

「是什麼猛獸？」

「獅子？」

「花豹？」

在人們交頭接耳的聲音中，地面上一扇隱藏的門被人從裡面推開，一頭綁著鐵鍊的老虎竄了出來。

「是老虎呀。」場中有人大喊。

「叮——」

聲音清脆響亮，來自花至蘭和劉星雨的即時雙向翻譯耳機。

水管配置圖上，老虎的圖案上也多了一個紅圈；花至蘭和劉星雨互相看了一眼，急忙向後退了一大步。

「我們又找到一個圖案了。」劉星雨勉強的笑著說。

「能活著出去再說吧。」花至蘭搖搖頭，她想不出該用什麼方法對付老虎。

看臺上的群眾發出不滿的叫聲：

「老虎看多了，沒有更精采的表演嗎？」

一旁的胖瓦拉拍著肚皮，興奮的說：「諸位，你們以為由胖瓦拉大浴場提供的節目會這麼簡單嗎？」

「當然不會。」人們喊著。「那會是什麼更好的？」

馬力歐悄悄的把花至蘭和劉星雨拉到一邊：「一匙鹽就能毀了一鍋湯，不管接下來的表演是什麼，我們都要小心。」

「鹽？」花至蘭狐疑的看著馬力歐。

馬力歐露出堅定的笑容：「而且，我們一定要合作——一場宴席不只需要一位廚師，對吧——今天不合作，我們都走不出這個門。」

又是廚師又是湯，這世界上最愛說廚師諺語的……

「鍋蓋老師？」花至蘭開心的看著馬力歐，說：「有你在，我就安心了。」

「什麼鍋蓋？」馬力歐轉身指指場上，「小心。」

他的「小心」才剛說完，「吼——」的一聲，又一個暗門被人推開，又一隻老虎跑出來——不對，是兩隻。

胖瓦拉驕傲的宣布：「向羅馬建城史致敬的表演：小矮人智鬥老虎。」

「他們只是孩子呀！」一個男人從看臺上喊著。

「羅馬建城者也是兩個年少的孩子，他們被母狼撫養，長大了才開創羅馬城呀！」另一個男人立刻對著場中說：「孩子，我們為你們加油。」

嘎啦嘎啦，第一隻老虎的鍊子被解開了。

這隻老虎被關久了，怒吼一聲，朝著劉星雨撲過來。劉星雨靈活的轉身，向後退一步；老虎沒撲到目標，牠落地後轉身奔向愣在一旁的花至蘭。花至蘭嚇傻了，想拿盾牌擋住老虎，可是盾牌太重了，她一時拿不起來，腿一軟，竟然跌坐在地上。

而老虎沒算好距離，一下子撲得太高，直接躍過花至蘭；牠調頭，又想去咬花至蘭，但卻突然停住，沒辦法再前進。

花至蘭嚇白了臉，她看見馬力歐在後頭拉著老虎的尾巴，不讓牠往前。

「謝……謝……」她想道謝，卻一時口吃。

那頭老虎更生氣了，一回頭，竟然把馬力歐撲倒。

「天哪，老虎要吃人了。」有觀眾驚呼。

「真是太殘忍了！」更多的觀眾喊著。

一時之間，只聽到老虎的吼聲由大變小，直到聲音沒了，身體也不動了。

有什麼東西從老虎的身體底下鑽出來。

那是小老鼠佛卡。

佛卡後頭，又有人鑽出來——是馬力歐！

他吃力的從老虎身體下方爬出來，站了起來。

競技場裡每一個角落都發出歡呼：

「老虎死了？」

「我的朱庇特呀！」

「那孩子沒事啊！」

花至蘭開心的奔向他：「你是怎麼做到的？」

馬力歐從老虎的身上拔出自己的刀。原來剛才老虎撲向他，他情急之下，把刀刺向老虎的下巴，刀又從老虎的下巴刺進了頭。

「諸位，我們又再次見證這偉大而神奇的一刻。」胖瓦拉的話，讓大家都鼓起掌來；但同時，另外兩頭老虎的鍊子也「嘎啦嘎啦」作響。胖瓦拉刻意提高聲音說：「一頭老虎算什麼呢？真正的羅馬少年英雄，是要對付兩頭老虎呀。」

這兩頭老虎剛從地窖出來，牠們獲得自由，不急著進攻；只是緩緩圍繞著三個孩子，低聲咆哮。

劉星雨把馬力歐和花至蘭拉過去，三個人背靠背面向外，吃力的拿著盾牌保護自己。

「如果牠撲過來，就用刀。」劉星雨大叫時，一隻老虎忍不住了，朝他奔過來，撞著他的盾牌；盾牌好重，劉星雨用盡全力，才把老虎推回去。接著，另一隻老虎熊立起來，用前掌把花至蘭的盾牌拍掉，

老虎往前一撲剛好遮住花至蘭頭頂的陽光，花至蘭的腦海瞬間轉過無數個念頭……

「我才讀五年級。」

「我還有好多事想要做。」

「我……」

那個「我」字還在想，一旁有個黃色的人影飛奔而出，用盾牌重擊老虎的頭；老虎吃痛，滾到一邊，但那人追上去，用長槍刺進老虎的身體。他繼續追擊另一頭老虎，一手從背後按住老

虎的脖子，另一手用拳頭不斷的狠擊牠。

「嗷——」老虎的聲音像在討饒。

那人把老虎放開，老虎頓時變成了小狗般，趴在地上，連動都不敢動。

滿場的歡呼聲瞬間爆發。

「畢勝克，畢勝克！」的叫聲，不絕於耳。

超時空翻譯機

羅馬不是一天建成的

如果你是古羅馬人，你應該相信，自己的祖先是被狼撫養長大的。

傳說中特洛伊戰爭後，特洛伊王子逃到義大利半島，建立了阿爾巴城。幾百年後，特洛伊王子的後代努米托耳國王被自己的弟弟推翻下臺，王子被殺；不過，就在此時，戰神愛上了努米托耳國王的女兒，她為戰神生下一對雙胞胎——羅慕路斯和雷穆斯。

當時有個預言，這對兄弟將推翻新國王，於是國王命人把他們丟入臺伯河。僕人不忍心，這對兄弟反而被一隻母狼所救，母狼還用自己的乳汁餵養他們，直到他們被牧人收養。兄弟倆成年後，他們殺死仇人，幫助外祖父復國成功。

這對兄弟後來用了一夜的時間建造新城，並用哥哥羅慕路斯的名字把它命為「羅馬」。俗話說，「羅馬不是一天造成的（Rome wasn't built in a day）」，實際上，羅馬不是在一個白天（day）建成的，應該是在晚上（night）。

後來，這句話的意思慢慢轉變，由於古羅馬城的建築技術高超，漸漸的，後人就用「羅馬不是一天造成的」表示很多成就都不是簡單達成的，而是經由很多人、很多努力，才能夠完成。

羅馬建城兄弟雕像

競技場上的動物

如果你是古羅馬人，猜猜看，你會在哪裡認識動物？

答案絕對不是動物園。

帝國時期的羅馬人自認為是世界的主人，他們把世界各地的珍禽異獸帶到羅馬城展示，然後把牠們運進角鬥場，殺死牠們，娛樂羅馬人，用以證明帝國的強盛。

參與的動物有猛獸，例如獅子、花豹、黑熊、老虎、狼、犀牛、鱷魚是常見主角；偶爾加入一些溫和的動物，如大象、鴕鳥和長頸鹿，增加可看性——是不是很像現代動物園？

鬥獸士壁畫

和動物園不同的是，羅馬人讓這些野獸互相攻擊廝殺，觀眾在看臺上歡呼吆喝；而且，動物們就算獲勝也沒有用，因為牠們會在接下來的狩獵表演中被人殺掉。

動物對抗賽結束後，接著是人獸對抗。先是無數的動物出場，然後大批獵人出動，清理了一批動物，很快又有一批動物被派上場；愈凶猛的動物，獲得的掌聲就愈多。

因為鬥獸，除了義大利本島，羅馬人還從歐洲、北非、小亞細亞甚至印度等地獵捕動物，千里迢迢送回羅馬，再大批屠殺。由於羅馬人對動物的需求量太大了，造成許多稀有動物的滅絕。羅馬後期，因為國家衰敗，鬥獸活動也逐漸沒落，否則不知還會有多少動物因此滅絕。

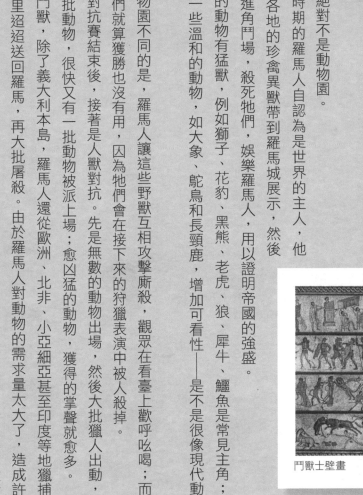

7 畢勝克對抗大象軍團

胖瓦拉站在看臺上，喜洋洋的宣布：「諸位，羅馬帝國大競技場上最新一代的大英雄，連續完勝十四場的角鬥士——畢勝克上場了。畢勝克是萬能的天神朱庇特下凡；朱庇特曾用他雷霆之戟，戰勝老虎，庇佑羅馬帝國，羅慕路斯和雷穆斯兄弟才能創建出我們的羅馬城……」

他說到這兒，那頭趴在地上的老虎恰好吼了一聲，像是替這段演說下註解。

「不對，」高大的畢勝克不讓胖瓦拉把話說完：「這麼多人，看老虎吃小孩，你們覺得有趣嗎？」

「這是競技場嘛。」胖瓦拉說話的時候顯得很不自然，「大家進了競技場就是要看這種廝殺嘛。」

「他們只是小孩。」畢勝克很憤怒。

「畢勝克，別忘了你們的身分——奴隸。」胖瓦拉高傲的說，「在羅馬帝國，奴隸想出頭，就只能在這裡大顯身手——對不對？」

「對。」周圍的觀眾說得很理所當然。

「小孩是人，奴隸也是人，跟你們一樣。」花至蘭忍不住對著四周喊。

她的聲音，淹沒在幾萬人的歡呼聲裡，沒人重視。

「胖瓦拉！」畢勝克大喝一聲，壓制了滿場的聲浪，「你下來，讓我跟你打一場！或是我讓你對付這頭老虎？」

「這個提議好！胖瓦拉你下場去比一比。」好多人附和著。

「這……」胖瓦拉遲疑了一下，但他很快就轉移了話題，「諸位，最後一場競技即將開始。」

「是什麼呢？」人們的注意力立刻被轉移，忘了剛才興起的念頭。

胖瓦拉用力的揮手：「諸位，老虎算什麼呢？畢勝克是大英雄，三個羅馬小英雄也很厲害，然而，真正能威脅他們的是什麼呢？」

「蠻族。」有人喊著。

「獅群。」也有人喊著。

咚！咚！

遠處，傳來一陣鼓聲。

鼓聲很沉重。

咚！咚！咚！

每一下都要敲進人心裡似的，胖瓦拉的聲音，適時的加入重重的鼓聲裡：

「諸位，來自北非的千古巨獸，牠們踩著如山的步伐，從北非來到了羅馬。」胖瓦拉的手一比，競技場邊的六座大門同時打開，從陰暗處走出來的是……

「是大象啊！」觀眾們激情的喊著，「畢勝克，小心哪！」

花至蘭讀過不少圖鑑，她一眼就能認出，這是非洲大象：相較亞洲象的小耳朵，非洲象的耳朵寬闊如蒲扇，巨大的象牙有如兩根長矛。更可怕的是，每隻大象的背上有兩位士兵，一個操控大象，一個拿著長矛出擊。

畢勝克吩咐三個孩子：「躲到我後面。」

馬力歐不肯，拿著盾牌和長刀，站在畢勝克身邊；畢勝克見了，微笑著把馬力歐的護甲綁緊，要他把刀拿好。

「這種時候不能沒有我。」劉星雨雖然很害怕，他還是鼓起勇氣：「躲好，花枝丸，被大象踩成花枝餅就不好玩了。」

花至蘭雖然哼了一聲，還是聽話的站到他後面。

咚咚咚，咚咚咚，大鼓的聲音加快了。

咚咚咚，咚咚咚，六頭大象分成六個方位站定。

大象就要衝過來了。

「怎麼辦？」花至蘭的腦袋閃過十幾個念頭，但是，她再聰明也想不出來，瘦小的人要怎麼跟六頭大象對抗？

「跟我來。」畢勝克帶他們走到看臺下，靠著牆站定：「專心對付面前的大象。」

「沒人能戰勝大象。」胖瓦拉的聲音聽起來得意極了，「當年的布匿戰爭中，羅馬帝國曾被迦太基的大象軍擊敗；但很快，偉大的羅馬軍團就抓到與大象作戰的方法，成功的用大象打敗迦太基！」

大鼓的節奏變快了，大象衝鋒了。一頭大象先跑過來，但牠怕長牙撞到牆，還沒到牆邊，速度就放慢了；畢勝克用長槍擋掉上頭士兵的長矛，一邊指揮三個孩子在大象逼近時跳到一旁。

他們才剛站妥，另一頭大象又衝過來了。在花至蘭叫聲中，劉星雨用盾牌擋住士兵的長矛，馬力歐撲過去，砍了大象一刀。

這頭大象疼得前腿高抬，畢勝克急忙拉著花至蘭滾到一旁；接著大象的前腿狠狠的踢著牆，反作用力讓大象往後跌倒，壓住背上的士兵。同時，畢勝克發出一聲吼叫，他的腿也被大象壓住；花至蘭和劉星雨急忙跑向前，兩人花了好大的力氣，好不容易才把他拉出來。

場上一片混亂。

小老鼠佛卡「吱」的一聲，鑽出花至蘭的口袋。

跌倒的大象爬不起來，五頭大象退在另一邊，等待士兵的指揮。

畢勝克一跛一跛的站起來，劉星雨趁機對花至蘭說：「我們快走吧，沒人能打敗大象。」

花至蘭還驚魂未定，她發現不遠處小老鼠佛卡正望著她，一雙晶亮的眼睛骨碌碌的轉。

她腦中靈光閃動，立刻想起那個故事：一隻小老鼠救了獅子。

「老鼠，小老鼠佛卡。」她大叫。

很有默契的，馬力歐接著吹了一聲口哨，佛卡應聲衝到對面，跳上最近的一頭大象身上，沿著牠的鼻子往上爬。

「嗷——」那頭大象驚慌的叫著，狂亂的擺頭甩尾，不管士兵怎麼呼喊，牠焦躁不安，橫衝直撞，背上的士兵都被牠甩下來。

佛卡趁機跳上另一頭大象，這頭象的膽子更小，牠轉身撞倒了另一頭象；才幾分鐘的時間，情勢逆轉，大象們爭先恐後的互相推擠，畢勝克拉著大家躲到牆邊，看著大象互相碰撞。

最雄壯的那頭公象被佛卡追著跑，牠嚇得慌不擇路，沿路撞翻其他的大象，踩扁三個獸欄，踢飛兩個試圖阻擋牠的士兵，最後竟然一頭撞進競技場的看臺。

「轟隆——」

再堅固的看臺也禁不起大象高速的撞擊。

看臺垮了，塵土飛揚中，畢勝克高喊：「跟我來。」

他雖然受了傷，行動慢了些，但遇到攻擊時，他猶如一支拉滿了弦，發射出去的箭，勢不可擋。

劉星雨和馬力歐緊跟著畢勝克，他們帶著花至蘭，把垮掉的看臺當成階梯，一步躍上最前排的觀眾席。

坐在最前排的全是衣著華麗的大臣和有錢人，三人跳上去時，只聽到胖瓦拉大叫一聲：

「皇帝，誰快來保護皇帝呀。」

8 遇見羅馬皇帝

「皇帝？」畢勝克驚呼。

「叮——」清脆而又標準的聲音，讓花至蘭笑了；她根本不必看就知道，配置圖上的四個圈都收齊了。

「可以回可能小學了。」劉星雨望著她，嘴角也在笑。

最前排的觀眾席上有個中年人，頭戴皇冠，四周有士兵圍繞，讓

人一眼就知道他是皇帝。他的臉上受了一點兒驚嚇，但立刻又鎮定了下來。他揮揮手，命令士兵們退開，並抬頭看著眼前的這群人。皇帝說：

「畢勝克，你竟然能一個人打敗了大象軍團。」

「謝謝全能至聖尊貴無比的皇帝陛下。」畢勝克不居功，「幸好有這幾個孩子和……」

小老鼠佛卡跳到花至蘭頭上。

「……那隻小老鼠的幫忙。」

皇帝在微笑：

「這幾個孩子，也都很勇敢，就像羅馬人的開國英雄。」

皇帝邊說邊站起來，他的個子和畢勝克差不多高。花至蘭覺得好開心，想像中的皇帝應該很凶，但是沒想到他這麼和藹。

「你們怎麼會想到帶老鼠上來？」皇帝問。

「啊……那是……那是馬力歐的老鼠。」花至蘭說話時，佛卡就坐在她的肩上，「我記得有一本書上說過，大象怕老鼠。」

「可以讓我摸一摸嗎？」皇帝問她，「下次如果我遇到大象，我就能派牠出場。」

照理說，沒人敢拒絕皇帝的請求，小老鼠佛卡卻偏過頭不理他，直到皇帝把一塊餅擺在手上，佛卡這才跳過去，搶了餅，馬上又跑回來，躲進花至蘭的口袋裡。

「哈哈哈，好有趣。我小時候有隻熊當寵物，但是熊卻沒辦法爬到我肩上。」

皇帝這麼一說，四周的人都笑了。

然而，一聲尖叫，從競技場上傳來：

胖瓦拉正被一頭大象追著跑。

「皇帝，皇帝，救我呀。」

胖瓦拉的叫聲很淒慘，他又胖又慢，要不是大象受了傷，他一定跑不掉。

皇帝沒好氣的問：「你怎麼跑到競技場上？」

一個大臣說：「皇帝，那頭公象撞垮看臺時，胖瓦拉剛好站在上頭，他沒站好，就跟著跌下去了。」

「胖瓦拉，有本事就自己爬上來吧！」皇帝笑著說。

「我……我當然沒有本事啊……我有本事，我……我早就下來當角鬥士了。」他的話，把整個競技場的觀眾都逗樂了，他們笑罵著：

「你也扮一回角鬥士呀。」

「不是要孩子們演開國英雄

嗎？」

「那你演個開國胖子吧。」

皇帝沒理會胖瓦拉的哀號，他回頭問畢勝克：「你有什麼心願嗎？如果我做得到的話……當然，身為皇帝，我確實有很多事做得到。」

這句話一說出口，四周響起一片喝采聲。

「我……」畢勝克突然愣了一下，他從沒想過皇帝會給他一個心願。

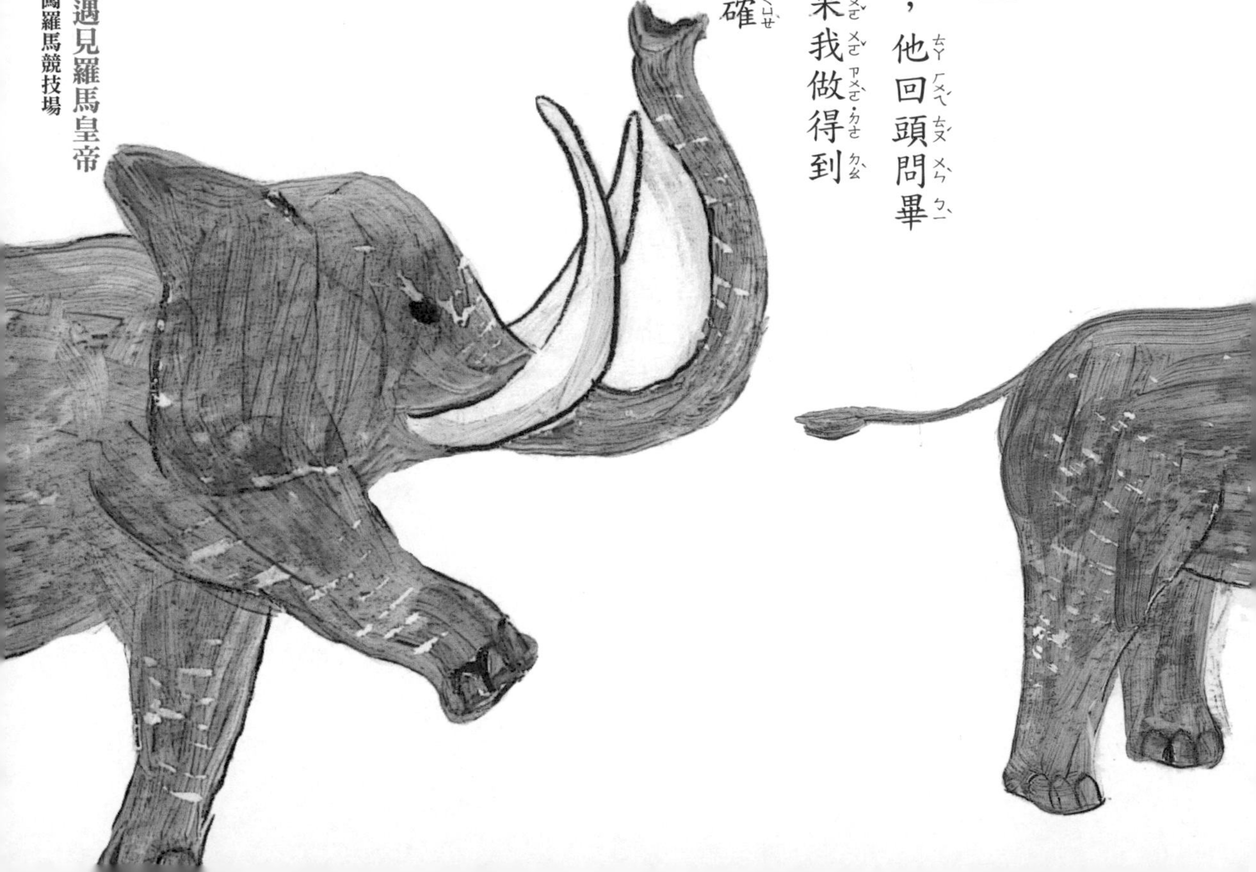

「是啊，你已經連勝了十四場，加上剛才這一勝，連續十五場的勝利；而據我所知，你的主人……」皇帝瞄了一眼競技場，胖瓦拉跑不動了，縮在牆邊，任憑別人罵他，他也不動。皇帝接著說：「胖瓦拉以後應該沒空管你了。」

畢勝克很激動：「我自由了？」

皇帝把手伸向他：「我以羅馬帝國皇帝的身分下令，你自由了，連同你的家人都自由了。我還要賜給你羅馬公民的身分，從今天開始，你也享有羅馬公民的一切福利，有免費的澡堂，免費的麵包，還有一間房舍。」

「那太優渥了，皇帝。」畢勝克臉上每一條皺紋都在笑：「我只想回家，回去高盧的家，看看我的孩子與妻子。」

「你留下來，胖瓦拉的浴場讓你管理；但我允許你，可以跟家人一起住在羅馬，也隨時可以離開，你們擁有那樣的自由，怎麼樣？」

這真是再好不過的結局了——當然，除了競技場上一直傳來胖瓦拉淒慘的叫聲：「你別再追我了，行不行呀——」

「既然畢勝克就要接管浴場，我們該帶他去參觀一下胖瓦拉的大浴場——啊，不對，現在起要改叫畢勝克的大浴場。」馬力歐說。

「可惜浴場沒有水。」花至蘭提醒他。

「這不是問題，」馬力歐偷偷告訴她，「水是我關掉的，胖瓦拉對奴隸凶惡又小氣，當然要偷偷給他一點教訓。現在換畢勝克大英雄當老闆，我立刻去把水打開。」

「原來是你？」花至蘭又好氣又好笑，「是你害我們變成角鬥士？」

「沒有好廚師，哪來的好料理；沒有馬力歐，你們哪能到競技場呢？」

「這麼說是沒錯……」花至蘭說到這裡，突然想到一個很熟悉的人：「廚師？又是廚師諺語？」

她抬頭，馬力歐卻一臉正經的望著她：「我們去浴場吧。」

因為沒有水，浴場裡空盪盪。

「只要水來了，客人就回來了。」馬力歐說。

畢勝克點點頭：「沒想到我會變成浴場的新主人。」

劉星雨笑著說：「你別擔心，競技場上的大象、老虎你都不怕了，也不會怕幾千個客人。」

「對了，你的浴場應該加幾條滑水道。」花至蘭一直都有些生意頭腦，「要有那種滑得快的，也有慢慢溜的。」

「可是，我這裡是洗澡的浴場耶。」畢勝克說。

「也可以是能吸引不同年齡層來的浴場呀，」花至蘭替他規劃，「大廳那邊太空曠了，如果拉一條滑水道，繞一圈，小孩子可以慢慢溜；後頭空間比較擠，滑水道會比較陡，適合年輕人。」

「滑水道好。」馬力歐也贊成。

花至蘭還拿起一塊浴場賣的薄餅。

「我再給你一個誠心的建議，只要在上頭灑一點肉片、香腸和起司，你的生意會變得更好。」

「這是真的，」馬力歐在一旁說，「可惜這裡還沒有生產番茄，那要很久很久以後，在義大利半島這個地方……」他說得很自然，就像一位大廚師在介紹美食。

「鍋蓋老師，你真的是鍋蓋老師！」花至蘭大叫。

馬力歐瞬間露出似笑非笑的表情，但隨即又把表情轉為嚴肅：「該去看看水路了——什麼鍋蓋老師，我只是一個小奴隸。」

「鍋蓋老師老是講廚師諺語。」劉星雨說。

「如果你是馬力歐，怎麼會知道番茄還要很久才會傳進義大利？」花至蘭拉著他，要他說清楚。

馬力歐自顧自的往前走，「再不把水打開，畢勝克的浴場就沒有生意上門了。」他帶著大家走到浴場的大廳，拉開那個圓型的門：「你們幫我個忙，往裡面一直走一直走，就會看到水的開關了。」

「當然沒問題！」劉星雨想都沒想，一腳踩了進去。

超時空
翻譯機

羅馬公民

如果你生在古羅馬時代，你一定要祈禱，自己是羅馬公民。只要是羅馬公民，就像現代社會一樣，你的生命、財產都受到政府的保護（如果你是奴隸，那下場當然不一樣）。

羅馬的男性公民，享有投票權；除非犯了叛國罪，否則不會被處死刑；帝國的公共浴場可以任意使用，並且能用很低的票價觀賞競技比賽。大部分的工作，都由奴隸代勞；羅馬公民甚至可以參加立法，訂定對自己有利的法律條文；如果想要從政，羅馬公民擁有被選舉權，可以被推舉去當官。

羅馬公民的身分好處多多，可惜的是，擁有這種權利的人不多；帝國初期，只有大概百分之十的人是羅馬公民。但即使你不是羅馬公民，也不

羅馬公民雕像

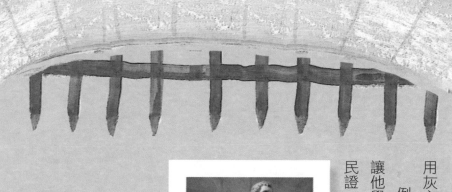

用灰心，俗話說「條條大路通羅馬」，有許多途徑能變成羅馬公民。

例如，皇帝開金口，直接賜你一個公民身分——前提是你得碰得到他，並且讓他覺得有賞賜你的必要。或是你奮發向上，努力賺錢，也可以自己花錢買個公民證。

安敦寧 · 畢尤雕像，古羅馬帝國「五賢帝」之一

沒錢又遇不到皇帝，你也可以選擇去從軍；只要服役二十年沒戰死沙場，退役後，國家會送你一塊地，並且讓你成為羅馬公民。

9 水管外頭有什麼？

劉星雨的腳才跨進那道門，那一陣滋麻的感覺又回來了。一股微弱的電流從腳尖直竄髮稍，不只如此，整條水道瞬間發出乳白色的光芒，他們就像站在一個日光燈管裡。

「我們……」劉星雨意有所指的看著花至蘭。

花至蘭也正望著他：「四個圖案都蒐集到了。」

「所以要回家了。」劉星雨說。

他們沿著通道一直走，通道底有個鑄鐵的門。門很沉，和來時開啟的門不同。門上有個圓型轉輪，就像潛水艇上的防水門。劉星雨的手一搭上去，突然，一股巨大的水流從他的背後直衝而來。

「花至……」劉星雨的話還沒說完，人就被大水沖走了。

花至蘭只比他慢了零點零一秒。

就在那一瞬間，小老鼠佛卡正從她口袋裡鑽出頭來。

「你怎麼跟來了？」她想問小老鼠，但水說來就來，她就這麼滑了出去。

水管像無底的黑洞，萬有引力的力量，讓他們不斷的往下墜。

不知道過了多久時間，等他們能哇哇叫出聲時，人已經到了轟轟轟轟水道的出口。大量的水持續落在他們身上，劉星雨把花至蘭拉起來，旁邊還有個人，是鍋蓋老師。

「老師？」他們驚呼。

「哇，這個水道實在太刺激了。」鍋蓋老師說。

花至蘭指著他：「你也跟我們去了古羅馬？」

鍋蓋老師嘆了一口氣：「你發燒了嗎？什麼古羅馬？」

「真的，我們去了一個古羅馬浴場，還去了大競技場，要不是有一個小男孩馬力歐……」講到這裡，她突然想起馬力歐——馬力歐不是跟在他們後頭嗎？

她回頭，轟轟轟水道的出口也沒有馬力歐的蹤影。

眼前只有鍋蓋老師。

「老師，幸好有你陪我們去古羅馬。」花至蘭笑著說。

鍋蓋老師搖搖頭：「我不可能變成古羅馬的小男孩。」

花至蘭勾著他的手，說：「一定是你，只有你才會那麼愛說廚師諺語，還一路照顧我們。」

「這怎麼可能呢？拜託，我這麼帥，要變也是變成羅馬皇帝……」

他說到羅馬皇帝時，一道夕陽恰好照亮了他的髮梢，讓鍋蓋老師沐浴在一片金光裡，就像羅馬神話裡的天神下凡。

「不可能！」鍋蓋老師似笑非笑的說，「羅馬帝國距離現在上千

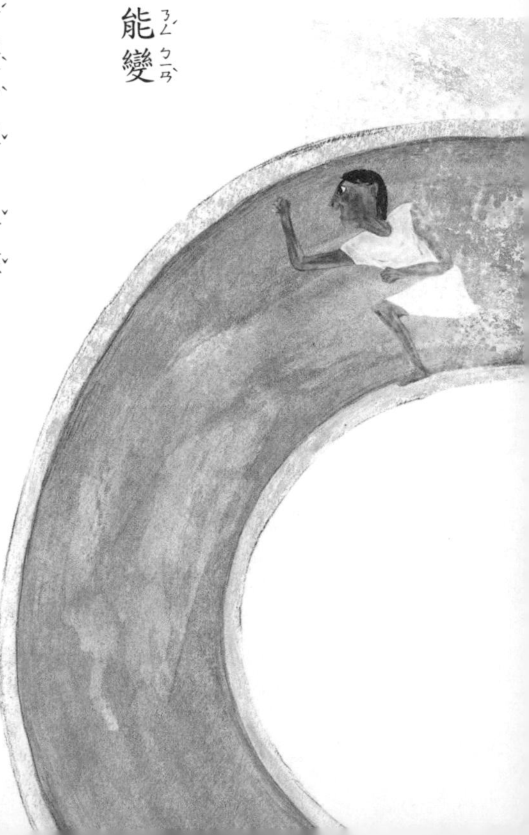

年了。」

「但是在可能小學裡，沒有不可能的事啊。」花至蘭和劉星雨的聲音，迴盪在可能小學的浴場裡，就是不知道迎著夕陽走出去的鍋蓋老師，聽清楚了沒有。

絕對可能會客室

古羅馬時代，帝國在每個大城市設置競技場，讓野獸與野獸爭鬥，讓人與野獸廝殺，也讓人與人對抗。這些競技場上的角鬥士，如果表現好，就會像現代的明星一樣，受到萬人矚目，擁有無數的粉絲，地位也會跟著提升。現在，我們請一位古羅馬角鬥士現身說法，讓大家了解角鬥士的心路歷程。

：在可能小學裡，沒有不可能的事。

：在「絕對可能會客室」裡，遇見絕不可能遇見的人物。

：（尖叫）這不可能。

：所以才叫做「絕對可能」呀。現在，請準備好掌聲加尖叫，讓我們歡迎來自古羅馬時代的競技場巨星——萬人迷，畢勝克。

（一陣沉重的腳步聲，走進一個巨大的身影。）

：天哪，不是畢勝克。

：是大巨人海格力斯。

：嘿，泥們又想來臭死了。

：不不不，我們不想「臭死」，我們只想訪問你。

：你……你可以跟大家介紹一下自己嗎？

（海格力斯站起來，衝向攝影棚的牆壁，用頭一撞，「砰」的一聲，攝影棚的牆壁整個垮掉了。）

：偶的天明。

：什麼天明？

：他……他好像是說那是他的「簽名」。

：是，各位觀眾，剛才海格力斯用頭幫我們留下他的簽名。

：泥要不要偶幫你天明？

：（連連搖手）不……不用了。

：海格力斯先生，我查過資料，你在羅馬競技場出賽十八次，留下三敗十五勝的佳績。

：（兩臂展開，頭抬起來）偶醋海格拉屎，羅媽踢狗最偉大的

海格拉屎。

：我……我想知道像你這麼強壯堅強的戰士，為什麼會有三場失敗？

：（怒目狀）那不重要。

：（發抖狀）我們先換個話題好了。海格力斯先生，可以跟大家介紹一下你的成長史嗎？

：童年背鼓，少年金鼓，成年吃鼓，偶醋海格拉屎，羅媽踢狗最偉大的海格拉屎。

：這……這是……？

：我懂，他說他童年悲苦，不是背著鼓。

：所以少年很辛苦，成年又吃苦，才能變成羅馬帝國最偉大的

海格力斯。

：海格力斯先生，我想再請問一次：你那三場失敗的比賽到底是什麼？

：（瞪著劉）那很重要嗎？

：真的很重要，全國的觀眾都很想了解你的心路歷程。

：（頹然坐到地上，又抬起頭看劉）那是偶的弟弟、偶的老師和偶的獅子朋友。他們逼偶要和弟弟決鬥，但偶不想打弟弟；偶也不能打老師……（聲音漸漸小了，鏡頭特寫，海格力斯的眼角有淚水）。

：原來你失敗的三場，是要和自己的弟弟、老師和動物朋友對決？

：（露出大腿上的傷）偶不忍心傷害偶的獅子捧油，旁邊卻有很多人叫我刺下去……偶只好讓獅子咬偶一口，才可以結束比賽。（海格力斯說到這兒，突然伸腿用力一踢，踢倒一根柱子，整個攝影棚全垮了下來，只留下一盞電燈在螢幕上晃動，所有的人都在奔跑狂喊救命。）

：真的垮了。

：一個人摧毀一個攝影棚！

（畫面突然帶到一旁的導播，導播喃喃自語：這怎麼可能呢？）

：所以，才叫做絕對可能會客室啊。

：偶醋海格拉屎，失敗了三場，還是羅媽踢狗最偉大的海克拉

屎。

（海格力斯一拳伸向僅存的電燈，「砰」的一聲，電燈破了，攝影棚一片漆黑。）

：下回，還要不要繼續找人來上會客室呀？

絶對可能任務

設計者／天母國小教師　梁丹齡

花至蘭和劉星雨在這次的超時空冒險中，搖身變成角鬥士，大戰巨人，智鬥猛獸，用智慧和體力親身體驗了古羅馬文化。

那你呢？

接下來的關卡換你接手，讓不可能的任務成為可能吧！

第1關 古今中外的人都喜歡泡湯。羅馬人除了在羅馬古浴場泡湯、洗澡外，更是將浴場當成交際應酬的場所。

想想看，以下哪些事情可能在浴場發生？

·可以在浴場裡借書　·可以在浴場裡看戲

·可以在浴場裡運動　·可以在浴場裡協商衝突

·可以在浴場裡買賣交易　·可以在浴場裡享受美食

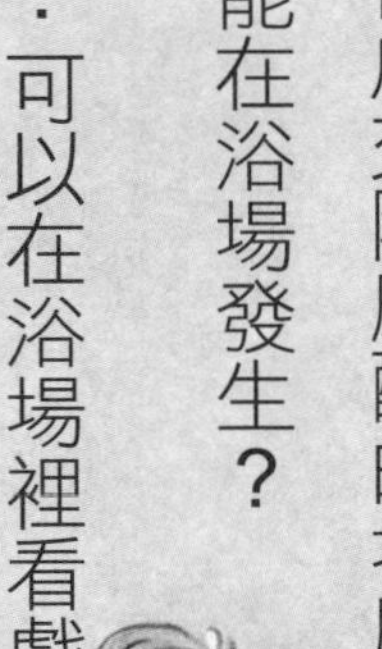

第2關 「水非自然來，卻稱自來水。水利設施強，造福羅馬人。」古羅馬的水利工程非常厲害，還編派許多水道巡管員來維護。他們發明什麼水利設施確保羅馬人有足夠的用水？

第3關 羅馬帝國最強盛時掌握整個地中海，勢力擴

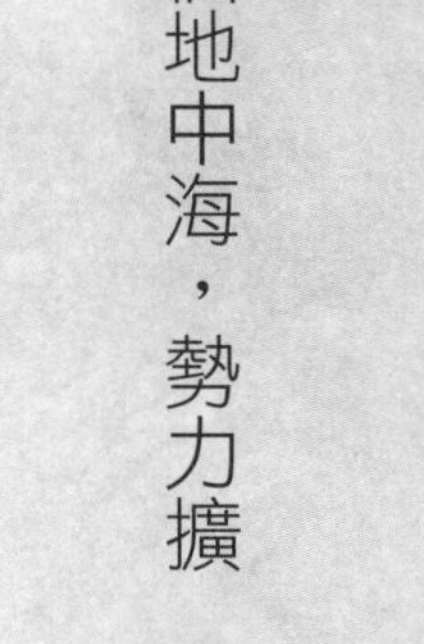

及歐亞非大陸；帝國初期，大概只有百分之十的羅馬人是羅馬公民。國王為了鞏固政權，對羅馬公民相當禮遇也給予很多福利。看完本書後，你能說出羅馬公民享有哪些福利嗎？

第4關 羅馬神廟的建築樣式非常經典，後人稱為「羅馬式建築」。以書中提到的朱庇特神廟為例，你能說說看神廟建築的特色嗎？

第5關 「羅馬帝國競技場，獅子老虎眾猛獸；為求生存顯勇猛，拚上性命不足惜。」請問謎語說的是古羅馬帝國中，哪一種人的特殊命運？

第6關 「浴場三寶超享受，煥然一新包滿意。彎刀鑷子加手勁，羅馬男女皆喜愛。」謎語中說的「浴場三寶」指的是哪三寶？

第7關

強盛的羅馬帝國橫跨歐亞非三洲，羅馬城是整個帝國的中心，要統治那麼廣闊的領土，靠的就是四通八達的大道。根據史料的記載，羅馬人共築了八萬公里的硬面道路，因此有一句西方俗諺運用這個典故，引申為「做任何事有很多種方式可以達到目的」，請問是哪一句話呢（順便查查英語應該怎麼說）？

第8關

關於羅馬的西方俗諺還有一句，它的含義經過時代變遷後已經轉變為：很多成就都不是簡單達成的，而是經由很多人的很多努力，才能夠完成。請問是哪一句話呢（順便查查英語應該怎麼說）？

第9關 羅馬人為了顯示帝國的強盛，他們常把征戰中捕捉的猛獸送進競技場與戰士搏鬥。你可以舉出在古羅馬時代，哪些猛獸曾被送進競技場嗎？

第10關 古羅馬崇尚勇猛大無畏精神的角鬥士，國王或富商大賈都會出錢成立角鬥士學校，培養明星角鬥士，成為羅馬人心目中的英雄人物。如果是你，你想進角鬥士學校嗎？你能想像角鬥士學校的生活和作息嗎？

答案

1 選項中的活動均可在羅馬古浴場從事

2 水道橋和引水道

3 男性公民享有投票權、立法權和被選舉權；
大部分的工作由奴隸代勞，還有足夠的麵包
配給和可享受免費的娛樂表演

4 建築物的正面是三角形的屋頂；屋頂下方有
圓柱支撐

5 角鬥士

6 浴場中的刮泥、按摩和拔毛服務

7 條條大路通羅馬（All roads lead to Rome.）

8 羅馬不是一天建成的（Rome wasn't built in a day.）

9 常見的有獅子、花豹、黑熊、老虎、狼、犀牛、鱷魚；偶爾
加入大象、鴕鳥和長頸鹿等生性溫和的動物，增加可看性

作者的話

增進學習動機的社會課

為什麼會寫可能小學呢？很大一個原因是——不少孩子怕社會課。

社會課難嗎？

打開小學社會課本，裡頭從小朋友住的社區出發，漸次認識自己的家鄉到臺灣到世界，照理講應該很有趣。

問題出在，社會課不比自然課，自然課可以帶小朋友去校園看蝴蝶，找花草，也可以動手做實驗；社會課也不比藝文課，塗塗畫畫彈彈唱唱多愉快。

社會課的困難是，講到鄭荷大戰，你沒辦法請鄭成功來到眼前；說到萬里長城、復活節島，絕大多數的孩子也沒去過。

歷史無法重來，它們也離孩子們太遠，很難感同身受。如果不幸，碰上講課喜歡天花亂墜的老師，多半的課堂時間全拿來講歷史八卦、自己的旅行趣事，稍一不慎就成了閒扯；雖然孩子聽得開心，但對社會課的理解依然似懂非懂。

如果你問我，我會說，最好的學習當然是到現場。

我去過西安，站在秦始皇陵的兵馬俑前，八千個兵馬俑氣勢磅礡，它們是我創作【可能小學系列】第一本《秦朝有個歪鼻子將軍》的起點；我也去過黃鶴樓，搭船下過長江，體會當年李白下江陵的暢快，送別孟浩然的愁緒。那回我是帶著孩子同去的，後來她讀到相關的地理、歷史時，特別有親切感，也學得特別起勁。

「行萬里路勝讀萬卷書」，說的就是這個道理。

然而，大部分的孩子沒有機會去這些地方，課堂上，也不可能再重現這些歷史時代。

讓我來吧！

這套【可能小學的西洋文明任務】就像四堂有趣的社會課。它帶著孩子們穿越時空，重回那波瀾壯闊的古文明，感受時代的氛圍，踏進古人的生活，來一場

想像與知識結合的大冒險。

可能是在古埃及時代在尼羅河上划船。

也可能在亞述帝國，參與了一場可怕的征戰。

穿越，能拉近孩子與古人的距離。

這可能嗎？

可能小學的校訓就是：在可能小學裡，沒有不可能的事啊。

所以，透過【可能小學的西洋文明任務】，孩子們會有一種跟著書裡角色重回古文明冒險的感受，一起與歷史人物對話，走進歷史的關鍵時刻，了解當時的時代背景，體會當地的風俗文化。

等到有一天，當社會課上到古文明時，相信很多孩子會有種「啊，這裡我來過」的驚喜感。

因為熟悉，自然覺得有趣——那種人與時代氛圍相連結的快樂，就是學習的最好動機。

有了動機，這就是學習的起點，因為孩子將這裡當作支點，進而串連起社會課程的點、線、面。那時的社會課，將不只是考試要考的科目或材料——課本搖身一變成為旅遊指南，而孩子當然就是最好的導覽解說員。

你還覺得不可能嗎？

別忘了，在可能小學裡，沒有不可能的事喔！

審訂者的話

化身時間旅人，享受歷史的趣味

◎輔仁大學歷史系助理教授　汪采燁

假設人們可以穿梭在不同時空中旅行，你想去哪裡？

「在可能小學，沒有不可能的事」，因此【可能小學系列】不斷的帶來驚奇，將讀者化身為時空旅人，回到過去世界。在動物園舉辦運動會，小朋友們瞬間進入古希臘的時空，在蘇格拉底和柏拉圖的陪伴下，在古希臘世界好好玩了一番——看了戲劇表演，蒞臨奧林匹克運動場，目睹公民大會的進行，體驗希臘人的地中海輕食、雅典人的頭頭是道咄咄逼人、以祭神來求神諭和取悅神的信仰方式，甚至他們遇見了歷史學者的老始祖——希羅多德！轉眼，可能小學建起了大型浴場，小朋友順著引水道，進入古羅馬世界，走在羅馬大道上，進入浴場，更陰錯陽差的成為角鬥士，大戰巨人、猛獸與大象軍團，也在此過程中感受到羅馬公民與奴隸身分的截然不同，更有幸的遇上皇帝開恩，賜角鬥士公民身分。

作者在此系列童書中，以穿越的方式，讓小朋友進入想像的世界；透過各種公共娛樂活動讓讀者產生身歷其境的閱讀經驗，在時空遊歷的過程中帶出基本古典知識，對於古希臘的穿著、哲學家、運動會、宗教神話和城邦政治，和羅馬公共建設、羅馬公民以及娛樂活動等做了介紹，相信此套書能夠引起小朋友對於陌生上古世界的興趣。

身為歷史學者，在我看來此系列套書並非歷史讀本，而是帶出歷史趣味的童書。童書不是我的研究領域，世界史也不是該作者的專長，然而我十分肯定此作者的立意，扣緊兒童的想像世界，讓小讀者貼近歷史過去；以及作者繼【可能小學系列】出版了臺灣史與中國史系列後，再次嘗試世界史方面的主題，讓小讀者有機會看到更廣的世界，認識東亞之外的古早文明。如果人們僅認識自己的時空，以自己狹隘的視角去看不同地區的文化，或是審視過去世界的價值觀時，往往無法客觀的欣賞他人之美，也無法放開心胸接受多元價值。

過去希臘羅馬文明中創造出的諸多概念與詞彙，如理性思維、哲學思辨、政治體制、公民精神、公共建設的建築美學與用途等，依舊影響今日你我生活的世界。如同我們需要幾段旅居海外的經驗，讓我們反思家國之美；我們也需要對於其他的時代具備基本的認識，才能夠了解我們身處的時代的文明深度。或許，想像力豐富的孩子們最能夠掌握英國歷史學家卡爾（E. H. Carr）所謂的，歷史是「古今無盡的對話（“an unending dialogue between the present and the past”）」——翻開歷史性質的童書，他們就化身為時間旅人，徜徉在時間長流中，不斷的與歷史人物聊天玩耍！

最後，我希望在閱讀【可能小學的西洋文明任務】套書的過程中，家長或老師能夠陪伴小朋友進行簡單的討論，思考過去世界的各種價值觀和生活方式的特色或意義，進而閱讀簡易歷史讀本或歷史專書，獲得更多啟發。

可能小學的西洋文明任務 ——— 4

勇闖羅馬競技場

作　　者｜王文華
繪　　者｜貓魚

責任編輯｜許嘉諾
美術設計｜也是文創有限公司
行銷企劃｜葉怡伶

天下雜誌群創辦人｜殷允芃
董事長兼執行長｜何琦瑜
媒體暨產品事業群
總經理｜游玉雪
副總經理｜林彥傑
總編輯｜林欣靜
行銷總監｜林育菁
副總監｜李幼婷
版權主任｜何晨瑋、黃微真

出版者｜親子天下股份有限公司
地址｜台北市 104 建國北路一段 96 號 4 樓
電話｜（02）2509-2800　傳真｜（02）2509-2462
網址｜www.parenting.com.tw
讀者服務專線｜（02）2662-0332　週一～週五：09:00~17:30
讀者服務傳真｜（02）2662-6048
客服信箱｜parenting@cw.com.tw
法律顧問｜台英國際商務法律事務所 ・ 羅明通律師
製版印刷｜中原造像股份有限公司
總經銷｜大和圖書有限公司　電話：（02）8990-2588

出版日期｜2017 年 6 月第一版第一次印行
　　　　　2024 年 6 月第一版第十二次印行
定　　價｜280 元
書　　號｜BKKCE020P
ISBN｜978-986-94844-5-9（平裝）

訂購服務 ———
親子天下 Shopping｜shopping.parenting.com.tw
海外 ・ 大量訂購｜parenting@cw.com.tw
書香花園｜台北市建國北路二段 6 巷 11 號電話（02）2506-1635
劃撥帳號｜50331356 親子天下股份有限公司

國家圖書館出版品預行編目資料

可能小學的西洋文明任務 . 4, 勇闖羅馬競技場 / 王文華文 ; 貓魚圖 . -- 第一版 . -- 臺北市 : 親子天下 , 2017.06
168 面 ; 17x22 公分
ISBN 978-986-94844-5-9(平裝)
1. 文明史 2. 世界史 3. 希羅文化 4. 通俗作品
713　　106007677

圖片出處：

p.14 ©Andrei nacu at English Wikipedia/Wikimedia Commons/Public Domain
p.39（右）© Wellcome Images/Wikimedia Commons/CC-BY-SA-4.0
（左）© Dennis Jarvis/Wikimedia Commons/CC-BY-SA-2.0
p.71 © AlMare/Wikimedia Commons/Public Domain
p.72 © Wikimedia Commons/Public Domain
p.73 © Jastrow/Wikimedia Commons/Public Domain
p.87 © Immanuel Giel/Wikimedia Commons/Public Domain
p.114 © Self-published work by G.dallorto/Wikimedia Commons/CC
p.115 © Wikimedia Commons/Public Domain
p.138 © MatthiasKabel/Wikimedia Commons/CC-BY-SA-3.0
p.139 © George Shuklin/Wikimedia Commons/CC-BY-SA-3.0